下重暁子

持たない暮らし

リベラル文庫

再び文庫本のためのはじめに

「持たない暮らし」という名前でこの本を上梓した時、持たない、物を捨てるという意味だと誤解を招いた。当時、いらない物を捨てるという本がベストセラーになっていたためである。

それは結局、物を捨てては又買うというアメリカ型消費社会に組み込まれていく中で、効率を重んじる現代の価値観を認める事である。

「持たない暮らし」はそれとは逆の意味なのだ。必要のないものは買わない。買うときは吟味して自分の好きなもの、ほんとうにいいものだけに限る。いったん買ったからには最後まで愛して使い切る。物にも命がある。それを生かし切って楽しむ。

今この原稿を書いている軽井沢の山荘で使っている家具などに新しいものは無い。例えばソファ、東京では、等々力の実家で父母が使っていて、椅子の座る部分の布は破れ、あんこが出ているものを、私の好きなイギリス家具店でチェックの布を選んで張り更えた。この椅子に座ると、今は亡き父や母が共に軽井沢に来ている気がする。父母には反抗の限りを尽くしただけに、せめてもの罪ほろぼしだ。「新品にした方が安いですよ」と散々いわれたが、私には、父母への想いがこもるこの古いソファが必要なのだ。一つ一ついつどこで買ったのかをすぐ想い出せる物に囲まれて暮らす豊かさ。私にはその方が大切なのだ。あれもこれも私が選んで買ったものを最後まで使い切る。それが私の暮らしだ。従って新しいものはほとんど買わない。洋服だって好みがはっきりしているので、大学生時代に買ったものだって今も着ることがある。私が愛したものは私にとって古くはならない。従って、ほんとうに好きなもの、いいものに囲まれているから、物の数は減る。経済効率の連鎖に巻きこまれずに自然にシンプルな暮らしになる。そこを間違えずに、自分にしか出来ない自由な暮らし方を考えたい。

夏の終り、軽井沢の暁山荘にて

下重暁子

はじめに

「東京に行くと、みな疲れて見える」と軽井沢に居を移した知人が言う。物も人も溢れ、組織がからみあい、がんじがらめにされている。もとはといえば、人間がより便利に、効率的にと生み出したものだったが。

「癒し系」という言葉がはやるのも、人々が癒されたがっている。疲れている証拠なのだ。

いつからこんなことになったのか。文明はわたしたちに豊かさを与えてくれるもののはずだったのに。極言をすれば、もう進歩などしなくていい。このへんでやめないととんでもないことになると、理屈でなく、カンが言う。

もはや、歯止めはきかないから、一人でできることはないか。自分のまわりから、余分なものを剥ぎとってシンプルに生きるしかない。

シンプルというと、即捨てることと考えられがちだが、逆である。人や物を大切に、その命を生かしてこそシンプルなのだ。

良寛が五合庵で使った托鉢用の黒光りする鉢と手製の手まりを見たが、この二つは生活と遊びの究極の品である。大切に使うことで、他のものは必要なかった。心はいつものびやかで豊かだった。良寛の書の自由闊達さ……。そこには自分との闘いがある。欲望との葛藤があってはじめて、ほんとうの自由を手に入れることができる。

敗戦後の日本は、物がなく心は荒れて、人々は物を欲しがり、追いつき追いこせとつくっては捨てた。その結果どうなったか。

物は増え、組織はできあがったが、わたしたちは物や社会のしくみに管理され、不自由さと無力感にさいなまれている。

ヨーロッパでは、このところスローな生き方が見直され、フランスでは子供たちにファストフードではなく、物の素朴な味を知ってもらう教育をはじめたという。

ちょっとよさそうだからと飛びつくのではなく、少しでいい。ほんとうにいいものを知りたい。心を許せる友とつきあいたい。

歳をとるということは、少しずつ余分な衣を脱ぎ、心を解放することだ。欲望と葛藤することで、自由を勝ち得ていくことだと思う。

近年、『不良老年のすすめ』という本を書いた。不良とは束縛から自由になるという意味である。そのための第一歩が、シンプルになること。身も心もシンプルにと心がけることで、憧れの不良になれる。

下重暁子

二〇〇二年五月　軽井沢にて

第三章　豊かな生活を手に入れるためのいくつかの知恵

第四章　日本人の美意識を取り戻す

第五章

なぜシンプルに生きられないのか

第六章　シンプルを貫き、すっきり死にたい

第一章 ＊ 生活の贅肉を落とす

一枚の絵さえあればいい

「一番好きなひとときは？」と聞かれたら、何と答えるか。

壁には大好きな絵が掛かっている。そう、例えば、アンリ・ルソーの『眠れるボヘミア女』。わたしはお気に入りの木の揺り椅子に座って、暮れていく空を眺めている。好きなオペラのアリアを聴きながら、膝には愛猫を抱き、それ以外は何もいらない。

茜から紫、やがて墨色へと変わっていく雲。街の灯がぽつぽつとともりはじめ、気がつくと闇である。闇に変わる瞬間は見定めることができない。さりげなく、けれどはっきりと昼と夜を劃《かく》す。

生と死もそんなものかもしれない。最後にあるものは最小限に。アンリ・ルソーの本物の絵画だけはとても手に入らぬが、あとは可能である。お金は、葬式代などを別にすれば、すべて使い切るというふうでありたい。使い方は、自分のためでもあり、寄付などの形があってもいいが、何も残らないのが理想だ。

しかし、自分の死期をはっきり知ることはむずかしいから、使い切ることはなかなかできない。普段から考えておけば、考えないよりはうまくいくかもしれない。

わたしは海外に旅するとき、着いた先の空港で、滞在日数と必要なお金を考えてからその国の通貨に換える。途中でもう一度換えたりすることのないよう、換えたお金は使い切る。

これはなかなかスリルがある。帰国する飛行機に乗り込むときには、小銭を残して何も残らないように。日頃はどんぶり勘定しかできないのだが、なぜか、いままでのところ、うまく使い切って空港を後にする。

途中で買い物をするときもだいたいの目安を立て、残り少なくなれば、節約もいたしかたない。死ぬときも、その調子でやればうまくゆくかもしれない。

軽井沢の山荘でみつけたもの

簡素な生き方の練習を、わたしは、軽井沢の山荘でしている。都会の暮らしは煩雑で、物や情報に溢れ、仕事はその中でせざるを得ない。夏の間は、本拠を山荘に移し、必要最小限のものだけ持っていく。

山荘は木造の質素なもので、全部で二十四坪ほど、寝室、仕事部屋と吹き抜けのリビング。机や椅子も実家にあった古いものだ。壁は外材のベニヤ、窓は障子、小さな教会のような趣のあるリビングにシンプルな暖炉。簡素だが、実に美しい。住めば住むほどその良さが沁み込んでくる。

一目で気に入って買ったこの山荘は、日本建築で第一人者といわれた、吉村順三氏の設計だったのである。カニングハムという、軽井沢を開いた頃の宣教師の娘、一〇〇歳で亡くなった女性のために造られた家が人手に渡り、偶然にもわたしのところに来た。

吉村氏は軽井沢の別荘を数多く手がけたレイモンドの弟子。聖パウロ教会やペイネ美術館などレイモンドの飾り気のないシンプルで質素な造りから多くを学んだ建築家だ。

ほかの別荘地と違って軽井沢は、イギリスの宣教師が開いた。政財界の大物が別荘をつくるのはずっと後のこと。あくまでも簡素で美しいことが条件だった。その伝統を引き継ぐのが吉村氏設計の山荘である。

豪華できらびやかなものが美しい、と思う人には何の値打ちもないただの山荘にすぎないかもしれない。しかし、見る人が見れば、見事にシンプルに美しくできている。

おおらかな障子の縦横の計算されつくした寸法、雨戸、ガラス戸、網戸、障子戸、すべてが左右の戸袋に収まり、窓外にすっくとのびた落葉松や樅《もみ》、檜《ひのき》などの樹々の向こうに山が見える景色は一幅の絵である。

ベランダの椅子に座って、小鳥の声と梢を行きすぎる風のなかで、朝食も昼食も、読書もする。わたしの猫は寝そべって、時折耳をピンと立てる。キツネやテン、サルやカモシカ、クマもいる山の獣たちの気配、陸続として土中から目覚めるさまざまな植物のざわめき……。山荘で過ごすようになって、忘れていたものを思い出した。風の音、雨の匂い、霧の巻くさま、人間も自然の一員だということを思い知らされる。

都会の暮らしの中では、遮断されて見えないもの、聞こえないもの、それが自然を呼吸する木の質素な家だからこそ感じられるのだ。

日本の家は自然素材を使い、縁側や障子で自然を取り入れてきた。外国の家は自然と闘い、遮断して家の中に快い空間をつくる。

花見、月見、紅葉狩り。四季とともに生きる日本の文化は、茶室や石だけの庭のように無駄なものをすべて取り払った簡素な美を追い求めてきた。外来の文化が入るようになって飾りたてることが好きになったが、ほんとうに美しいものは、さりげない。

いらないものをすべて取り払った空間、茶室は、千利休の哲学のこもった空間だ。たった四畳か三畳半の部屋に、武士も町人も刀を取り払い、同等に座って一服の茶を楽しむ。日本の美学だ。

さりげなく自然に。これほどむずかしいものはない。豪華なもの、便利で効率的なものばかり追って、わたしたちは本物の美しさを見る目を失っていないか。都会でついた垢や贅肉を落とし、シンプルな感覚を取り戻すために、わたしは山荘へ出かける。

何もないという自由

知人で、定年後ヨーロッパに日本の子弟のための大学を私費でつくり、十五年でバブル崩壊などの経済情勢もあって倒産し、家も家財も抵当に入った人がいる。

「何もなくなったいまぐらい自由なときはないよ。何も思いわずらうものがなくなった」

負け惜しみではない。その証拠に、彼の表情はいままでになく晴れやかで、話す声はのびやかである。わかる気がする。

学校をつくる前、彼は新聞社の出版する旅雑誌の編集長を長い間していた。気の合う旅好きの数人とヨーロッパやタヒチ、中近東など方々へ一緒に旅をした。旅をしていると無駄な物や思いを捨てざるを得ない。失恋をして旅をする人が多いのも、自分の思いを整理するためだろう。

旅人であったからこそ、彼は何もなくなったときにかえってサバサバと自由を感じることができたのだろう。

ベストセラーになった『清貧の思想』（中野孝次著・草思社）には、良寛のほかに芭蕉や蕪村、西行などが出てくる。この人たちは、俳人であり、歌人であり、そして旅人である。

旅人は物に縛られない。今の時代と違って宅配便もなければ、せいぜい駕籠か馬に乗ることはあっても、おおむね徒歩である。

重い荷を持っていては旅ができない。最小限の必要なものだけを持って旅を続ける。シンプルにならざるを得ないわけだ。

行く先々で泊めてくれる家があったりもしたのだろうが、旅の険しさは尋常ではなかったはずだ。山形県の月山で芭蕉の越えた山道を見たが、鋭く切り立った峰などを鎖づたいに越えていて、芭蕉忍者説も信じたくなる。『奥の細道』をはじめ、芭蕉は旅に生き、旅に死んだ。その道すじは、東北から江戸、関西におよぶ。

芭蕉に憧れた蕪村は、芭蕉ほど遠くへ旅はしないが、江戸にいても心は旅をしていた。

月天心貧しき町を通りけり

蕪村の句である。貧しい人々の住んでいる町も、月が渡っていくことで豊かに明るくなる。月はみな平等に照らす。

月の渡る広くて大きな世界、蕪村の心は月とともに旅をしている。

イスラムの知恵

一九七七年に半年間、わたしはエジプトのカイロに暮らした。それまでの放送界での仕事に区切りをつけて、文筆を業とするためだった。日本にいたのでは、区切りがつかず、ひきずってしまう。

中東特派員だったつれあいが、ベイルートからカイロに支局を移すことになった。居場所もあることだし、暮らすならインドかエジプトと思っていた。日本とは違う文化のなかで暮らしたかった。

いそいそと出かけたエジプトだったが、そこでわたしは、日本では考えられない生活を味わうことになった。八階のフラットにある支局で暮らす毎日。目の前のナイル河支流をゆるゆると上流から下ってくる帆船を眺め、のどかではあったが、物のなさは比べるべくもない。停電もしょっちゅうでエレベーターは止まり、その都度歩いて昇降せねばならない。

市場へ行けば、野菜も肉も豚以外は手に入るが、魚は新鮮とはいかない。いまはスーパーもでき、日本の商品も増えたが、当時は日本食を手に入れるのはたいへんだった。

食べ物は羊か鶏。淡白な鳩料理は美味である。着るものは、民族衣装のガラベーヤ、エジプト綿でつくられた長袖で裾まである衣装は、風通しがよく、体をしめつけず涼しい。

夏場は雨がほとんど降らないから、シンプルに暮らそうと思えば、いくらでもできる。昼は灼熱の太陽だが、日を除けて、日陰にいれば湿気は少ないから冷房がなくとも涼しい。車は冷房なしで窓を閉めている。夜になると、窓をあければ自然の冷房が行き届いて心地よい。

アパートメントの隣のビルにエジプト人一家が住んでいた。屋上に簡易ハウスを建てただけの、いわばペントハウスだ。夜は家の中に入らず、外にベッドを持ち出して寝ている。星空の下、そよそよと風を浴びて眠る心地よさ。時折、ずずずーっと、いびきが聞こえてきたりする。

彼らは物を持たないが、生活を楽しんでいる。一年のうちひと月間ラマダンといって断食月がある。その間、日のあるうちには食べ物も水も禁止される。そして日が落ちた瞬間、いっせいに食べはじめる。ラマダンの間、夜は大ご馳走だ。昼間食べられないだけに、食べ物のありがたさがわかる。神から授かったものを大切にする気持ちが芽生え、いまでもこの戒律は守られている。イスラムにはさまざまな知恵が生きている。

日本人も感化を受ける。

中秋十五夜のお月見など、日本ではしなかった人々が月に食べ物を供えてお祝いする。といっても、団子にする粉は売っていない。ススキやワレモコウもない。材料のないなかで、人々はいもの粉などを使って工夫する。けっこうおいしいのだ。

日本では、なんでも買っていた若い主婦も、工夫してつくりはじめる。人間、捨てたものじゃない。なければないで知恵が出てくる。

物がありすぎると、知恵が減退する。これでもかこれでもかと物の洪水が押し寄せてきて、引き受けるのに精一杯。知恵が入り込む余地がない。

物がないから大切に修理して使う。使えなくなるまで、物の命を使い切ってやる。

街には修理屋が勢ぞろいしている。つれあいの支局の運転手を勤めるモハムッドも、自分の車をぼろぼろになるまで修理して修理して大切に使っていた。

こんな暮らしを半年して、最初は不便に思ったのが、かえって心地よくなりはじめた頃、東京に戻った。そのときのわずらわしさといったらなかった。東京の街はどこを歩いても、物、物、物の氾濫。必要であってもなくても、たくさんの物が押し寄せてきて、わたしはすっかり疲れ切った。

次々と生み出される物、並べる店々。このなかからどうやって選べというのか。わたしはエジプトでのシンプルな暮らしが懐かしかった。知恵を出し合って、少ない物で何かを生み出す喜び……。日本にはわずらわしさだけしかなかった。

物の洪水から逃げ出さねば。逃げられないなら、自分だけでも、自分の暮らしを守る。

それがシンプルに暮らしたいと切望するきっかけになった。

エジプトで「エデンの園」と人々が呼ぶ場所へ連れて行かれた。日本人から見れば、ただの粗林、わずかに水が湧き出た泉がある。乾いた砂漠の大地で木の枝を切ることは腕一本を切ることに値し、泉はこの上なく大切にされている。日本に帰れば、豊かな緑に、いくらでも流れ出る水がある。人々はその価値に気づかず、無駄づかいばかりしている。

物に操られる暮らしを生んだ戦争

新聞を見れば、雑誌を見れば、物、物、物の広告。テレビしかり、インターネットしかり、通販で居ながらにして物が買えると思ったら、いまやパソコンでなんでも買い物ができる時代。いやでも物が押し寄せてくる。家の中を見渡せば、物、物、物。いままでに買ったもので溢れかえっている。

どうする？　物の洪水の中から逃げ出すこともできず、逃げ出す場所もない。

身の回りにあるものがうっとおしい。物がのさばって、大きな顔をし、人間が小さくなって暮らしている。

なぜこんなことになったのか。

二十一世紀はすっきりと、物に左右されない暮らしをと願っても、二十世紀の残滓《ざんし》がこびりついて、物がありすぎ、物がないと不安という現象を生んでいる。

二十世紀は、戦争の世紀といわれる。そのことと、物に操られる暮らしは、決して無縁ではない。戦争の世紀ということは、物を失ったということでもある。

日本を考えてみよう。先の太平洋戦争で、わたしたちは大切な人々や大切なものを失った。家は焼かれ、記念の品や馴染んだ暮らしの品々も消えた。
わたしの家は、都会だったにもかかわらず、幸運にも焼けなかった。大事なものは疎開させておいたから、物は残ったはずだが、戦後は売り食いで減っていった。

母の着物を農家へ持っていってお米と替えた。父や母が好きで集めた古い陶磁器の数々。これも売られた。わたしのお雛様まで犠牲になった。内裏様は人形づくりが趣味の祖母の手づくりで、とりわけ大きく立派だった。そのお雛様と別れるつらさ……。

戦後落ち着いてから、骨董屋に雛があると聞くと出向いて似たものを探し、買った人の追跡もしてみたが、ダメだった。わたしの〝尋ね雛〟は、雑誌にも出たが、何の手がかりもなかった。新しいものを買う気にならないでいたら、友人が自分の家の古いお蔵から江戸時代の享保雛をみつけてプレゼントしてくれた。

父が職業軍人だったので、戦後公職追放になり、職につけぬ時代があったから、わが家に限らず、どこの家でも売り食いで食べた家は多い。母の着物をほどいてわたしの洋服にしたり、父のマントがわたしのコートになったりした。

都会だけではない。田舎でも大事な働き手を戦争に取られ、物が欲しくとも、物自体がなかった。つれあいの家は、東京から甲府に疎開して、空襲に遭い、焼け出された。日本国中が疲弊し、復興までに時間がかかった。

物が欲しかった。ないとなると、ますます欲しい。

高度成長期に入り、人々は我先にと物を買った。安かろう悪かろうでも、ともかく必要なものを買った。飢えた心を満たすように、人々はその後も物を買い漁った。

つくれば売れた時代。購買力が景気をよくし、次々に企業が設立され、物をつくり、売った。人々はそれを追うのに精一杯。企業の宣伝に乗って、古いものを捨て、新しいものを買う。質のいいものをつくるのではなく、量産に次ぐ量産、つくれば売れた。必要のないモデルチェンジ、新しいものを買わねば置いていかれるという強迫観念にとらわれる。

物に操られ、物を買い漁った暮らしは、貧しさの裏返しだったのだ。戦時中、戦後の物のない時代を引きずって、貧しさからの解放を願って、物を買ったのだ。物のあることが豊かな生活だと思い込んでしまった。

豊かさを心や文化ではかることを忘れて、物でしかはかれなくなった。経済効率一辺倒、儲かる、便利になるということのみが先行し、人々は物にしか目がいかなくなった。

気がついてみたら、心も文化も貧しくなって、物に支配される暮らしの中で、にっちもさっちもいかない。

その状態を引きずったまま二十一世紀に入ってしまったが、このへんで、物ではなく、心や文化といったものに目を向け、必要なものだけに絞りたい。

物からの解放は心の解放だ。自由に、人間らしく物への強迫観念から逃れて暮らす。それが二十一世紀の課題なのである。

シンプルライフの本質

物からの解放とは、心を自由にさせること。物にこだわらず、支配されず、心を大切にして生きることである。

というと、わたしたちは短絡的に「物を捨てればよいのだ」と考えがちだ。いらないものを捨ててすっきりする。捨てる方法がさかんにいわれ、そのハウツーがベストセラーになったりする。

捨てられていく物は、わたしたちの欲望を満たし、貧しい心を温めてくれた物たちだ。それを簡単に捨てるということは、欲しくなったら買ってまた捨てるということである。

わたしたちは戦後、物をつくり、物を捨てるという社会のシステムに組み込まれてしまって、迷うことも疑うこともないまま、いらなくなったら新しいものに買い替え、それが多くの粗大ゴミになり環境を破壊し、自然の生態系をめちゃくちゃにしてきたことを忘れてはならない。

二十世紀が捨てて買う経済効率一辺倒の価値観に支配されていたとしたら、その結果失ったものを回復し、環境を少しでも元に戻すことが捨てたものの義務だと思う。

「シンプルに暮らす」とは、物からの解放ではあるけれど、「物を捨てること」ではない。ここを間違ってはいけない。捨てることでどのくらいのゴミが出るか。

自分の家に物はなくなるかもしれないが、処理せねばならぬものは増えるのだ。そして新しいものを買えば、どんどん物は増え続け、地球は人間がつくりだした人工の物ばかりになる。

文明とは、物をつくりだすことではなくて、ものの考え方をつくっていくものであるはずだ。

使い込めば愛着が生まれる

わたし自身は、「シンプルに暮らす」とは、物を捨てることではなくて、「物を大切にすることだ」と思っている。最初はわたしも物を捨てることばかり考えた。しかし、それでは解決しない。いきついたのは、物を大切にする、物の命を使い切ることだと気がついた。

例えば、わたしは祖母の着物を大切に着ている。いまではできない染めと織り。ぼろぼろになってもいいところだけつぎはぎして、母がわたしの着物にしてくれた。居間のテーブルも、実家でずっと使っていた、紫檀《したん》の座り机である。洋家具のテーブルにはないもので、独自性が目立つ。

磨けば磨くほどツヤも出るし、美しさも増す。アンティーク家具としての値打ちも出てくる。どこにもない自分だけの家具だ。ヨーロッパの国々、イギリスやフランスなどでは、家具は親から子へ、子から孫へと引き継がれる。

日本でもそうであった。

だからこそ、かつての日本家屋ではシンプルな暮らしができたのだ。

お年寄りが大切に広告をとっておいたり、若い人にはガラクタとしか思えない物をとっておく。「早く捨てちゃえば」と古い物を捨てるよう、わたしも子供の頃、母に言ったが、若気の至り、いまにして物を大切にすることの意味を思う。

物を大切にしよう。いつまでも使おうと思えば吟味して買う。いいもの、好きなものを選ぶ。長く使い込む。愛着が出て、新しいものや目先だけモデルチェンジしたものに目を奪われない。

時代とともに新しいものはできるが、よく見ると材質も何もかもちゃちになっている。

わたしが少女時代に買ってもらったピアノがある。一見ただのスタンド・ピアノだが、調律に来る人がいつも言う。

「ほんとうの象牙を使ったものなんていまはありませんよ。大事にしてくださいね」

見たところは、新しくていいピアノがいくらもある。買い替えることも可能だが、わたしのピアノを大切にしたい。少女時代のわたしの夢を大切にすることだからだ。

オペラ歌手に憧れて、音大に進みたいと思って芸大出の女の先生に土曜ごとに声楽を習った。蔦の絡まる洋館に、電車を降りて近づくと、ピアノの音がした。玄関のドアを開くと、習っている人たちの靴が並んでいる。胸がときめいた。

結局、声楽の道はあきらめたが、家へ帰るとピアノに向かって、習ったばかりの歌をうたった。

その頃の夢とともに古いピアノはある。祖母の着物だって、仕事をして生きたかった祖母が、女にとってつらい時代のせいで、まったく違う生き方をしながら、「いつか自分も自分らしい生き方を」と願った思いがこもっている。

そうしたものを大切にすれば、新しくどうでもいいものを買いはしない。

物を簡単に「捨てろ」ということは、物を大切にしないこと。〝消費〟という二文字に組み込まれて、シンプルな暮らしに近づくことはできない。

物の命をまっとうする時代

実際に不要になったものをどうすればよいのか。使わなくなったものをとっておくわけにもいかず、倉庫などある家も少ない。わたしもマンション暮らしなので、収納には苦労するし、地下に小さな倉庫もあるが、とても追いつかない。

昔の家には、蔵があり、大事なものでふだん使わないものは、入れておく。火事があっても土蔵は大丈夫。骨董品などはこうやって保存された。都会の暮らしでは、家に置く場所もなく、ほんとうは捨てたくないものも捨てざるを得ない。

物には命があるといわれた。つくった人々の心がこもっているから、一つひとつの物は命をもっていた。大量生産時代に入って、物には命がなくなってきた。人々は物を愛さず、大切にしなくなってきた。つくっては捨て、捨ててはつくるという連鎖をどこかで断ち切らねばならない。有効に使い切ることを考えなければならない。

使用途中で捨てねばならぬときには、残りの命を使ってくれる人を探したい。世の中には、使いたいものもなくて困っている人がたくさんいる。そうした人たちに使ってもらえたら、物も命をまっとうすることができるだろう。

物の循環の輪をつくることだ。いらない人もいれば欲しい人もいる。趣味だって千差万別。自分の趣味でなくてもそれが好きな人もいる。相手がみつかれば、物はめぐってくれる。

後で話を聞いて、「なんだ、それ、欲しかったのに」ということはよくある。

わたしの知人は、新しいマンションに入り切らなくなった箪笥《たんす》を、材質もよく、十分使えるので、結婚した中国人のお嬢さんにあげて喜ばれた。つれあいが鹿児島に一年出張していたとき、ひととおり電気製品をそろえたが、帰京するにあたって、離婚して一人暮らしになった知人の男性に全部置いてきた。彼はそれを使って自分で料理を楽しんでいるようだ。

「金は天下のまわりもの」というけれど、「物は天下のまわりもの」。

うまく出会いさえすれば、物を大切に使い切ることはできるのだ。欲しい人といらない人との出会いをつくる。パソコンという便利なものがある。インターネットやメールで、いらないもの、欲しいものを不特定多数の人々に知らせることができ、買うことも売ることもできる。そのためには、大いに役立つに違いない。いや役立たせなければいけないと思う。

いま、なぜ中古本屋が流行るのか

必要ないものを他人に差し上げる。引き渡すとき、その方法が問題になる。特に大きいものである場合、輸送費が高くついたりする。

ガレージセールや物々交換の手もあるが、できれば第三者が入ってくれるところがあるといい。気も楽だし、安上がりだ。

そこに目をつけた企業がある。本から始めた。「中古本買います」というのだ。だからといって、いままでの古本屋とは方法が違う。本一冊一冊の中味の値打ちではなく、量として扱う。新しさやきれいさで価格が決められ、買い上げて売る。

ブックオフやブックマートなど中古本のチェーン店が各地にできていて、どの本も半額で売り、ずっと売れなければ、どれも百円となるなどシステムはさまざまだ。

電話一本で取りに来てくれるから、わたしも試しに頼んでみた。すぐにやってきて、後で本の値踏みをしたあと、金額が振り込まれていた。微々たるものではあるが、その本はまた本屋に並び誰かが手にする。そして読まれるとすれば、本も命をまっとうする。捨てられるよりは、ましだ。

驚くことにその中古本屋が急成長だそうである。不景気な時代にひとり気を吐き、各地に展開。本だけでなくあらゆる中古ものを扱うデパートになりつつあるという。いらないものを手放し、なにがしかのお金になり、必要なものを格安で手に入れることができる。

考えを変えれば、物をめぐらせて使うことができるのだ。その企業が急成長しているということは、安く物を手に入れたい、古くとも必要なものを手に入れたい人が、いかにたくさんこの世の中にはいるかという証拠である。

使い捨ての輪を断ち切る

なぜわたしたちの暮らしに、こんなに物が氾濫し、物を捨てなければ暮らせなくなってしまったのか。そのことを考えてみたい。戦後の資本主義経済のもと、使い捨て時代が到来する。つくって、売って、捨てる。その循環の中にわたしたちの暮らしが、組み込まれて、買わざるを得ない状況、捨てなければならない状況が生まれてきた。

高度成長期は、西欧と肩を並べるために追いつき追い越せとばかりに背伸びをし、経済効率ばかりを重んじた。その癖がついて、いまだに抜け切れていない。経済効率一辺倒のツケが一気に吹き出しているというのに。

日本のゴミ問題を考えてみるとよくわかる。

何度か東京湾のゴミ捨て場、夢の島を取材したり、見学したことがある。埋立地になっているところもあれば、現在埋立中のところもある。埋立中のところには、わたしのいた数時間の間にもひっきりなしに大型トラックが来てゴミを捨てていく。机や椅子、家電製品、形のあるものから、形のわからぬものまで……。わたしたちが捨てたものだと思うと恐ろしくなる。有害ガスの立ちのぼるところもあり、埋め立てられてしまうと、次の場所が必要になる。

東京都でいえば、その頃すでに数年先には捨て場所がなくなるという話だったが、ゴミ問題は深刻だ。

結局、過疎の地に運ばれたり、不法に他国に投棄されたりする事件も起きてくる。

ゴミ問題は行政の問題という前に、わたしたち一人ひとりの問題なのだ。戦前は、暮らしが質素だった。ちゃぶ台一つあれば、応接セットもダイニングセットも必要なかった。箪笥なども、嫁入りのときには奮発していいものを買うが一生ものだった。一生ものどころか、材質とつくりさえよければ、代々大切に使う。仙台や佐渡の骨董品の箪笥がなぜ美しいか。本物ならば時代を経るとますます美しくなるからだ。

わたしは母の嫁入り時の桐の箪笥を大切にしているが、木地が黒ずんできた。それを年輪と感じるが、汚れていやだと思うなら、表面を削っていくらでも新しくすることができる。桐ならばこそだ。今出来の見た目だけきれいなものをよしとするか、ほんとうによいものをいつまでも大切に使うか。

ちょっと見た目のいいものを買い、すぐ物を捨てる輪をどこかで断ち切らねば、とてもシンプルな暮らしなどできないと思う。

「買う」「捨てる」を吟味する

ただ物を捨てるのでは、いたずらにゴミを増やすだけ。新しく買うことで世界中から森林が消え、環境がどんどん悪化していく。買うこと、捨てることには、そうした側面がつきまとうことを考えた上でなければならぬ。使い捨てを反省し、戦前のわたしたちの知恵、物を大切にすることが、シンプルライフへの近道といえる。

捨てるときによく吟味する。これは捨てるべきものかどうか。食料や生鮮食料品は古くなったら捨てなければならない。

そうでないものの場合、例えば家電製品はどうだろう。新しくデザインも機能もいいものが出てくるが、果たしてそうだろうか。

わが家では、二人暮らしなので、一人用の二合炊きの炊飯器を愛用している。保温もなければ他に何の機能もなく、ただスイッチを入れれば炊けるだけ。余分なものがなく、直火のせいか、おいしく炊ける。デザインも不必要なものが一切なく、至極シンプルだから美しく、食卓に置いても小さくてかわいい。

テレビや洗濯機もできるだけシンプルなものを選び、故障しない限り、買い換えたりしない。そんなお金があれば、わたしは気に入った古い器の一つでも買いたい。

一番困るのは、洋服と本である。洋服は欲しい人がいればあげる。家に出入りする仕事を手伝ってくれる人や、お手伝いさんや姪などに聞いてみる。後はガレージセールや施設に送る。特に阪神大震災のときなど、衣料や食器は活躍してくれた。

震災の時に行き場所を失ったペットの面倒をみた外国人中心の組織などでは、ボランティアの人々の衣類が次々と必要になる。働き着の丈夫で使えるものはそこへ送る。

わたしたちの職業で悩みの種は本である。重いし場所をとるので、増えるばかりで本に埋もれて暮らしている。最近は寄贈しても喜ばれない。その悩みを週刊誌に書いたら、北海道のある町の図書館で受け入れてくれるという。たまるとそこへ送る。あるいはブックオフなどを利用する。

いずれにしろ、情報が大切。不要な人もいれば必要な人もいる。それを結びつける広場としては、インターネットはふさわしい。不要な人から必要な人へ。物が移動すれば、捨てることも増えることも少ない。パソコンという機材が増えることにはなるが……。

わたしはいままで手書き原稿でパソコンは使わなかったが、そろそろ必要かと思い出した。パソコンも日進月歩、ややこしい操作の必要ないシンプルなものができてほしいものだ。

どうしても捨てられないもの

捨てられないもの、それは「思い出の品」である。「思い出の品」とは何か。

思いのこもった品で、見ると思い出すことがある。思い出は、過ぎ去ったものであり、いまを生きる自分には必要ないかといえば、そうではない。その品を見ることで、自分の生きてきた過程を見ることになる。だから捨てられない。

父や母の残したものも、自分が育まれた歴史を物語り、父母を偲ぶよすがになる。

父の残したものでいえば、絵がある。わたしの父は子どもの頃から絵描き志望だったが、軍人の家の長男だったので、無理やり幼年学校・陸士と軍人の道を歩まされ、敗戦とともに公職追放となった。

父の書斎はアトリエで、画集や石膏で埋まり、ひまがあると油絵を描いていた。中国に行っていたときも、松花江《しょうかこう》や寺院のスケッチが送られてきて、そのスケッチを屏風に表装して、わたしの枕元に置いていた。行ったこともないのに、わたしにとって馴染んだ風景だった。

父は自分がなれなかったぶん、戦時中苦労した画家の面倒をみて、戦後父が苦境に陥ったときは画家たちに助けられた。

時代とはいえ、まったく向いていない職業につき、無惨な結果に終わったことを考えると、父の残した絵には、万感の思いがこめられていることがわかる。

マンションの壁に五枚掛けて、父の思い出としているが、実家には、まだまだ額に入った絵が数十枚ある。親類、知人で父の絵を、と言ってくださる方には、差し上げて大切にしていただいている。

絵の中に母を描いたものが数枚ある。幼い頃、父が母をモデルに描いている場面が記憶の底にある。着物を着た上半身のものは母の葬儀で、白と紫の花の中に写真がわりに使ったら好評だった。洋装や半分裸身のものもある。父のというより、父と母の記念だから大切にしている。壁面を利用し、残りを倉庫にまとめて、時々掛け替える。

母の残した着物については、わたしが着る以外は、できるだけ母やわたしの好きだった人に活用してもらっている。差し上げたり、貸して使ってもらったり。先日も、いとこの娘が結婚するというので、母の打掛けをわたしの振袖に直したものを、お色直しに着てもらった。もう一人、知人の中国人の女医のお嬢さんが結婚するので、もう一枚の母の打掛けを振袖にしたものを。偶然二人とも、同じ日が結婚披露宴だった。

母の家は新潟の昔の地主だったので、八日八晩披露があり、花嫁はその都度違う打掛けを着た。娯楽のない時代、それが人々の楽しみでもあり、貸衣装などないから、自前で京都の呉服屋に注文した。

いまではとてもできない手の込んだ刺繍《ししゅう》や色使いで、六枚は戦後苦しい頃に売り、二枚はわたしの振袖になった。振袖は着られないから、若い人たちに着てもらえば、母も着物も喜ぶだろう。

その他に陶器や蚊帳や座布団など、残したいものはまとめて実家に置いてある。軽井沢の山荘を建て増ししたときに使うつもりでいる。

一番大切なものを残す

　問題なのは自分の思い出の品である。わが家は疎開したおかげで焼けていないから、子供の頃の絵日記やらさまざまなものが残っている。わたしはもの書きだから、日記をはじめ、切れ端に書いたものまで、自分で書いたものは大切にダンボールに入れて保存してある。いままで出した本だけで一四〇冊近くになるが、その原稿はほとんどとってあるし、新聞や雑誌に書いた記事などは、スクラップブックに貼り、原稿も極力とってある。一枚の紙は薄いが、これがたまると大量になる。いまではダンボールに二〇箱は超すが、これだけは捨てられない。

　わたしの軌跡であるから、大切にとっておく。原稿が一番大切だが、人によってさまざまだろう。あれもこれもではたいへんだから、自分にとって一番大切なものを選んで、残す。

母が死んだあと、広告の裏やノートの端に短歌が書きつけてあった。少女の頃から短歌が好きで折りにつけつくっていたから、まとまったら一冊の本にといっているうちに逝ってしまった。

一周忌には間に合うようにと、たくさんの中からわたしが選んで、『むらさきの』という題をつけ、人間国宝・安倍栄四郎氏のつくった薄紫の和紙を表紙に、五〇〇部ほどつくって、親類、知人に贈った。母は紫が好きだったからである。

紙切れだからといって捨ててはいけない。意味のあるものは大切に、大きくて値の高そうなものでも、意味のないものは処分してしまおう。価値をどこにみつけるかの問題である。

わたしは骨董の一つ、藍の祝布団やのれんなどの「筒描き」を江戸、明治、大正、昭和と蒐《あつ》めているが、すでに一〇〇点以上ある。二枚とない手描きの藍木綿で、祝布団など大きいものは壁面いっぱいになる。

布なのでたためば小さく、藍は虫もつかず場所をとらない。そのこともあって蒐めはじめたのだ。

六本木の「暮しの手帖社」の別館や、新潟の豪農の「二宮邸」、庄内の松ヶ岡の堂々たる建物や軽井沢の文化財「三五荘」で展覧会もした。「置き場所が大変でしょう」といわれるが、手間もかからず簡単なのである。

第二章 ＊ 流儀をもって生きる

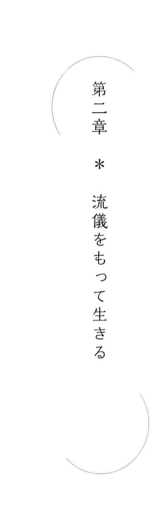

欲望とのつきあい方

物が欲しくなくなったら、歳をとった証拠といわれる。生きていることは、欲望があるということ。欲がなくなったのは、老いを示すのだという理屈だろう。しかし、欲望のままに行動していてはどうなるか。一人ひとりが個人の欲望のままに生きていたら、この世は犯罪の巣となり、乱れに乱れるだろう。

欲望があるからこそ、欲望と闘い、自分を制御する。その葛藤こそ大切なのだ。自分との葛藤、自分の欲をいかに制御し、うまくあしらうかが知恵というものだ。

歳を重ねると、若い頃のように、いたずらに物が欲しくなくなる。わたし自身も、着るもの、使うものが以前のように欲しくはなくなった。「ちょっといいな」と思うものは、買わなくなる。歳のせいではないと思っている。

若い頃と違って見る目ができたからである。

どれがほんとうによいもので、どれが自分に似合うか、確信をもって言えるからだ。浮気をしてちょっと買ってみようかと思う服など、結局、着ないということがわかっている。よく着るものしか買わなくなる。

数は少ないが、いいものを買う。

北イタリアやフィレンツェを旅したときは、これはと思うものは買った。久々によく買い物をしたが、「飽きずにずっと着るに違いない」という確信がある。

歳を重ねることは、いいこともあるのだ。その時までに、たくさんのものを見て、自分にとって必要なものを見極めておきたい。

若いときは失敗をしながら物を買っている。物を買うなかで学んでいかなければいけない。それでなければ歳を重ねても、いたずらに買い物をして、いらぬ物を増やす結果となるだろう。

『欲望という名の電車』という有名な戯曲がある。ヒロインのブランチは杉村春子氏のあたり役であったが、欲望という名の電車は走り出すと止まらない。誰も制御できない。できるのは、自分自身だ。欲望そのものがその人本人から出ているから、同じ人が制御するのは至難のわざである。

物欲、性欲、権力欲……などなどわたしたちは、欲望にさいなまれる。仏教では百八つの煩悩があるというから、制御するのは生やさしいことではない。

過食症と拒食症の若い女性を取材したことがあった。いやなこと、いらいらすることがあると、彼女は帰り道のスーパーやコンビニで、いろいろな食べ物を買って帰る。そして一人で、好きな音楽などかけながら、ひたすら食べる。ポップコーン、鶏のからあげ、おにぎり……。胃の腑がいっぱいになっても、まだ食べる。気持ちが悪くなり、食べたものをもどしてしまう。つらくて涙が流れるが、全部もどし終えるとすっきりする。こんなことを繰り返すのだという。

欲望のままに走っていると、過食症のように止まらなくなって、全部もどさねばならなくなってしまう。欲望のままにつまらないものを買っていくと、物が溢れかえり、結局、（ゴミとして）処分しない限りすっきりしない。

もう一つの拒食症とは何か。やせたい、やせたいと思っているうちに、ものを食べるのが恐くなり、ものが食べられなくなる。

シンプルにと、そればかり考えていると、何も買えない。必要なものまで買わなくなる。これまたつまらない。

過食症、拒食症いずれも心に問題がある。知人に、ゴミの出るのを恐れる人がいて、片っぱしから捨てる。右から左へすぐさま捨てる。毎日、捨てるものはないかと探している。病的になっては楽しくない。

自分の欲望と、いかに折り合いをつけるかはむずかしいところだ。大切なのは、自分の欲望のままに走らないこと。衝動買いの失敗が多いのは、考えずに行動してしまうからだ。

欲望が起きたら、立ち止まる余裕が欲しい。いや待てよ、ほんとうに必要か、欲しいのか。自分の欲望と闘う時間が欲しい。その葛藤にこそ意味がある。将来の生き方にもつながっていくだろう。

不愉快なこと、つらいことがあったとき、物を買うと気が晴れることがある。「憂さ晴らし」の買い物だということを、自分の中で確かめておこう。ふだんの買い物と混同しないこと。そのあたりをわきまえておきたい。

自分のスタイルを持とう

日本は未曾有の不景気。「日本の経済は崩壊」などと言われた時代をのりこえたというが、相かわらず借金王国なのだ。

いったい、こんな国に誰がしたというのか。問題はバブルの時期にある。土地を買い占め、地上げ屋が跋扈《ばっこ》し、街は崩壊した。土地の値段は上がる一方でバブルに踊り続けた。ともかくあの頃の日本人の顔は、目が血走って金の妄者となり、いやしかった。

それまでは、高度成長期から少しずつ安定成長に入り、経済の堅実さは、二十世紀には「ジャパン・アズ・ナンバーワン」になると言われたものだった。金に狂ったバブル以後は見事にどんでん返しをくった。バブルさえなければ、いまも日本は、少しずつ成長を続けて世界の中で力をつけていたかもしれない。

バブルを仕掛けたのは誰か。日本人は、その時その瞬間で生き、刹那的で流されやすく、忘れっぽい。責任を追及しないから、同じ過ちを繰り返す。バブルを仕掛けた張本人を、よく考え追及する必要がある。

わたしたちも踊らされていなかったか。踊ったということは、バブルに協力したことなのだ。

自分のライフスタイルを個人個人がしっかりもっていたら、バブルに踊ることはなかったろう。持たない暮らしを心がけていたら、バブルなど起こらなかったかもしれないのだ。

その後、バブルがはじけ、国はどん底というのに、相も変わらず、物に踊らされていた。不景気不景気といっているわりには若者は遊び歩き、中高年も旅行になだれをうって出かける。

イタリアでも、ブランド品に群がる日本人を見て、よく金があるナと感心される。金にまかせルイ・ヴィトンの店でわがもの顔のふるまい。フェラガモでは、床に座りこんでいるのを見て恥ずかしくなった。

欧米人でブランド品を買い漁る人など少ない。日本人は金があると思われても仕方がない。礼儀知らずで買い漁るから内心は馬鹿にされていることに気づかない。

なぜブランド品漁りをするか。自分の暮らしに自分なりのスタイルがないからである。自分なりにこれは必要、これは必要ないと考えていけば、決して人まねはしないはずだ。人が持っているからという理由でブランド品を持ちたがらないはずだ。

持たない暮らしは人まねではできない。自分のライフスタイルをつくりあげることからできてくる。

自分のライフスタイルがどんなものかをよく考え検討しよう。

「シンプル」と「節約」は違う

バブルがはじけたいまになって、人々は急に節約を叫びはじめている。企業が自分を守ってくれるのをあてにはできない。自分で節約して自分の生活を守らなければいけない。

状況が違うが、戦中、戦後は、節約が叫ばれた。物がなかったのである。節約は美徳であり、華美は罪悪だった。

戦時中のスタイルといえば、モンペにひっつめ髪、パーマも禁止された。節約一辺倒で人々も努力した。国の呼びかけで、みな節約に協力した。おしゃれをしたくともできず、自分のライフスタイルなど、つくる余裕もなかった。

戦後、高度成長期からバブルへ、人々は、自分のライフスタイルを考えるひまもなく、物に翻弄《ほんろう》された。

バブルがはじけ、急に節約の声が出てきた。自分のなかから出たものでないだけに、社会状勢に左右されて暮らしを決めているだけだ。節約を持たない暮らしと間違えてはいけない。節約とは、社会の状勢に合わせてきりつめて生活するものだ。

持たない暮らしとは、自ら選んで、生活をシンプルにするということ。節約が悪いわけではない。節約することで何かを生むならそれでいい。時間を節約して、金を節約し、それで何をするか。寄付するもよし、自分のためになる勉強に使うもよし、節約によって生まれるものがあればいい。

節約が、ライフスタイルになっていればいいのだ。日頃からシンプルライフを心がけ、それがライフスタイルになっていれば、バブルになったからといって踊らされることもなく、不景気になったからといって急に節約することもない。

冷静に、自分の心に耳を傾けながら暮らしを考えておきたい。

大阪人に学ぶ「ドケチ道」

シンプルと節約の違いはわかったとして、節約とケチとはどう違うか。
シンプルとは、ライフスタイルだといった。
では、節約はライフスタイルではないのか。節約が何かの目的をもつ場合には、その人のライフスタイルといえなくもない。はっきりいえば、ケチである。

ケチは他人から嫌われる。それでもケチを通すというのは、よほどの覚悟が必要だ。金持ちほどケチとよくいう。金持ちほど無駄な金は使わない。必要な金も出さない。出すのは舌だけという具合いだからこそ金が貯まるのだ。

金を貯めるという大前提があるから、ケチになる。金を貯めてどうするかはともかく、金を貯めるという大目的が控えていることを考えると、ケチもまた立派なライフスタイルだということがいえるだろう。

徹底したケチでお金を貯め、事業を成功させたといえば、大阪のビル王、吉本興業の創始者、吉本氏である。大阪人であるからこそできたライフスタイルだろう。

東京が「タテマエ主義」なのに対して、大阪は「ホンネ主義」。あけすけで、あつかましくもうつるのだが、気どりを捨ててこそケチもできる。関西のほうが成功する人が多いのは、本音で人から何を言われようと、どう思われようと、わが道を行くからに違いない。

わたしは、父の転勤で中学、高校と大阪で暮らしたが、その合理主義に脱帽した。経済観念においては、子供のときから無駄をなくすよう培われている。

物をいかに安く買うか。中学生の頃、友人と心斎橋に買い物に行った。スカートの布地だったと思うが、中学生の女の子が店の主人に向かい、

「おっちゃん、これまけてんか」

と堂々と値切る。店の主人も、不思議そうな顔もせず値段の交渉に応じて

いる。

傍にいるわたしは、顔から火が出そうになるほど恥ずかしかった。東京育ちのわたしには、有名店で値切るなど思いもかけないことだった。

友だちにとっては、値切って買うことは常識なのだ。デパートでだって値切る。ダメでもともと、一種の挨拶なのだ。とてもまねができない。値札どおりの値段で高いものを買うことになる。結局、わたしは損をするのだ。

大阪のやり方に慣れてから、おずおずと値切ることを覚えはしたが、迫力がない。

大学入学とともに東京に戻り、再び東京流に慣れてしまうと、大阪のホンネ主義が懐かしい。母も転勤族の父と結婚して覚悟はできていたものの、大阪は暮らし方、言葉はまるで異国だと最初に言っていたのが、東京に戻ってみると、大阪は暮らしやすかったという。見栄を張る必要がなかったからだろう。

ケチを楽しむことはできるのか

わたしはといえば、東京と大阪と半々の暮らしのせいか、その間で引き裂かれ、決断が鈍ってしまう。東京も大阪も肌でわかるものの、どちらを選ぶかがむずかしい。

落語には、ケチを題材としたものが多い。夏暑くとも扇子《せんす》やうちわを動かさずに顔を動かす。

おかずを節約するために、梅干しを前に置いて御飯を食べる。すっぱくて唾液が出てくる。その唾液で御飯を食べる。梅干しは減らないし、副食費が節約できる。

いろいろとケチの方法は考えられるものだ。

大阪についていえば、大阪のケチは、一方でド派手なものを生む。道頓堀の動く巨大なカニ。通天閣。最近でいえば、ユニバーサル・スタジオなど。

気どっていないところが面白い。

ドケチはド派手を生み、考えもつかない発想を生む。先日テレビで大阪商法をいろいろと紹介しているのを見て笑ってしまった。例えば耳あか取り。高松塚などの光ファイバーで内側を見るやり方をまねたという。ユニークな発想、それでいてユーモラスである。

大阪のケチは、一方で違う何かに変身する。事業であったり、ユニークな暮らしであったり、ド派手な店先であったり……。これはもう見事なライフスタイルといわざるを得ない。

では持たない暮らしとどこが違うか。ケチはほんとうに当人にとって楽しいだろうか。どこかで、こう生きたい、こう暮らしたいという思いを我慢していないだろうか。

節約の究極としてのケチは、痛みや苦しみを伴って楽しくないのではないか。

と考えてみたが、事業ややりたいことのためにケチを通すのは楽しい、という声が聞こえてきそうだ。いやはやむずかしい。

ほんとうの贅沢とは

『贅沢な時間』（大和出版）という本を書いたことがあった。その前後、「贅沢」という文字のついた題名の本が期せずして数冊出版された。人々がほんとうの贅沢とは何かを考えはじめた時期だったからである。

狂乱のバブル期が終わって、『清貧の思想』などがベストセラーになってしばらく経った頃である。バブルに踊った人々もようやく冷静さと落ち着きを取り戻した。大切なものは、お金や物ではないことに気づきはじめた。

贅沢の意味も金品についてではなく、心の豊かさであり、生き方なのだとわかってきた。わたしの本も、ほんとうの贅沢とは何かを考えるための本であり、「贅沢な時間」をもつためには、どう生きたらいいかを自分に問いかけて書いた。

時間についていえば、わたしたち文明国に生きる人々の時間は小間切れで区分されている。悠久の時の流れを、細かく刻んで、汲々として生きている。

わたしはかつて放送局のアナウンサーをしていたが、秒単位の細かい時間は身についていても、大きな時の流れには一種の不安があった。目先のことに追われ、常に約束事をつくって、忙しい忙しいと言っていた。

一日を考えれば、何時に会社が始まるから、何時に家を出、そのために何時に朝食をとり、何時に起きる。そのために何時に寝る。予定を立て、そこから逆算して生きる。

予定がなければ、不安でいまを生きられないかもしれない。

一生についても、定年はいくつ、そこから逆算して、いくつで結婚し、いくつで子供をつくり、いくつで家を建てる。予定から逆算して、いまを生きる。逆ではないか。そこから解放されなければ、ほんとうの時間はわからない。豊かで贅沢な時の流れを実感することはできない。

時の流れに逆らわずに生きる

二十数年前、わたしは半年間をエジプトで過ごした。まったく違う時間に身を置いてみたかった。カイロから三〇分ほどでギザのピラミッドに着く。そこから先は、砂漠だ。夕暮れどき、ピラミッドの石に腰掛けて夕涼みをする。

ロバに粗末な荷をくくりつけて旅に出る老人がいる。彼はいつどこへ着こうとしているのか。砂漠は昼暑いので夜のうちに旅をするのはわかるが、大サハラに続くこの砂漠に出て不安ではないのか。

わたしたちならいつ着くために、何時に出発と考えるだろう。けれど老人は知っている。自然の厳しさや時の流れを。彼には正確な予定はない。何が起きるかわからず、「インシアアッラー」。アラーの神の思し召しのままである。

目的地に着いたときが着いたときなのである。いまから未来へ向かっていくのがほんとうの時間である。未来を区切り、逆算していまを生きるのはほんとうの時間ではない。そう気づいてから焦らなくなった。自然とともに生きてきた民は、ほんとうの時間を知っている。わたしたちは細かく区切ってぎすぎすと過ごしている。

時折、軽井沢の山荘へ出かけると、時間がゆったりと流れる。雨の匂い、風の音、小鳥のさえずり、耳をすましているだけで過ぎていくのに焦りがない。

わたしたちは過去から未来に向かって生きている。わたしの持ち時間はそのなかの一瞬かもしれない。目を前に向けて、精一杯生きたい。ほんとうの時間を生きたいのだ。自分がとらわれているものから解放されてのびのびと過ごしたい。

「贅沢な時間」を取り戻すこと。それは豪華な館で好きなものを着て食べて暮らすことではない。時の流れに身を横たえ、逆らわずに生きる。

予定や物や、目に見えるものがたくさんあればあるほど、人間はそれに縛られる。物がなければとらわれるものはなく、この上なく自由だ。富や権力や欲望から自由になることができてはじめて、ほんとうの贅沢を知る。

「贅沢」と「シンプル」とは、相反することのように思えるが、実は、シンプルな暮らしのなかからこそ、心の贅沢が得られるのだと思う。

良寛しかり、西行しかり、芭蕉しかり、蕪村しかり、すべての物を捨て、旅に生きる覚悟があってこそ、ほんとうに自分が求めることが見えてくる。

「ちょっといいもの」「ほんとうにいいもの」

シンプルに暮らすためには、ある物を減らすことももちろんだが、〝根〟を絶つことが、まず大切である。

〝根〟とは何か。物を増やさないこと、余分な物を買わないことである。深刻なゴミ問題と同じで、その根を絶たない限り悪循環である。毎日の買い物をして誰しも感じるのは、余分な包装や容器がいかに多いか。わが家など一日でゴミ箱はいっぱいになり、ゴミを捨てるために生きているような気がしてくる。

わたしたちの母や祖母の時代は物がなく、一つひとつを大切に使ったから、袋でも、広告の紙でも大切にとっておいた。それなりに意味があり、年寄りのものをみだりに捨ててはならないと思う。

現代に住むわたしたちは、物を増やす根を絶つことを考えねばならない。昔に比べればなんと贅沢な悩みだろう。

捨てるのをためらう人も、買うのを減らすことならできる。「ちょっといいもの」は、「ちょっといいわねぇ」と思ったら、買わないこと。「ちょっといいだけだ。「ほんとうにいい」とか「心底惚れ込んだ」以外は買わない。ちょっといいものに目移りして買っていたらきりがない。ちょっといいものをたくさん買うよりは、ほんとうにいいものを一つ買う。問題は、ちょっとよくて値段が安いケースだ。安いというところにひっかかってつい手が出る。

〝安物買いの銭失い〟とはよく言ったものだ。安物をたくさん買うよりは、高くてもずっと長持ちするものを。

バーゲンがくせものだ。安いと思ってつい買い込む。結果、ほんとうにいいものを一つ買うくらいのお金は出てゆく。なぜ、デパートやスーパーのバーゲンに多くの人が並ぶのか、わたしにはわからない。ほんとうに欲しいいいものが安くなっているなら意味があるが、漠然と安いというだけのバーゲンには行かない。バーゲン用の安かろう悪かろうという商品も多いのだ。

大切なのは、量より質である。日本も高度成長の時代を経てバブル期からいまに至り、量より質の時代に入った。物を買うときは、一度立ち止まって、よく吟味し、ほんとうにいいものか、ほんとうに必要かを考えてからにしよう。

ほんとうにいいものとは

「ほんとうにいいもの」と「ちょっといいもの」の見分け方はどうするか。

亡くなった美術評論家の白洲正子さんはほんとうにいいものを知る人だった。着るもの、使うもの、骨董、文学、美術、いいものを見る目をもっていた。

白洲さんがいつも言っていたのは、「ちょっといいもの」はよくないということ。「ちょっといいわねぇ」と言って、買わないことだ。

骨董では見る目が試される。目がなければ、偽物を高く買うことにもなる。目をつくるためにはどうするか。ほんとうにいいものを日頃からたくさん見ることだという。美術館めぐりも大切だし、ウィンドウショッピングも役に立つ。ふだんからその気になって物を見ておくと、いざ買う段になって大いに役に立つ。衝動買いをしても、間違いはない。

わたしは一度、衝動買いに近い形で高いコートを買ってしまったことがある。その日健康診断でずっと気にしていた疑いが晴れ、気分は最高だった。夜にはエッセイ教室の忘年会があるのに、三〇分間違えて早く行った。そのへんを歩いてこようと思って散歩した場所がよくなかった。原宿の表参道。ハナエモリ・パリスをのぞいたら昔からよく知っている店員が、一枚仕立てのグレーのコートをはおらせてくれる。軽い！　暖かい！　足下までのロングコートは実にシック、一目でとりこになった。

三〇万円という金額は、高いと思うが、気分が高揚し、健康で働けることを思えばと思い切って買った。

この買い物は成功だった。冬でも秋口や春先でも着られるし、軽いのと品質のよさで飽きがこず、一番気に入っているコートである。衝動買いでも、いいものを見ていたおかげで失敗をせずにすんだ。

あるものを減らすにも同じことがいえる。物を使いこなすことだ。せっかく買っても箪笥の肥やしや押入れの奥ではかわいそうだ。

毎日の暮らしのなかで使ってやること。高いものだからと茶碗なども箱に入れ、ひもをかけてしまうのでなく、ふだんから使うこと。うちでは御飯茶碗でもお茶の茶碗でも、気に入ったものをふだんに使う。高価なものだからとしまったりしない。もし割れたら、仕方ない。

物が多いのは使わないものをしまってあるからだ。しまわずに、使う。いいもの、好きなものを使えば、しまうものはなく、自然に物は減ってくる。いいもののなかで暮らせば、心も豊かになるし、毎日が楽しい。

ふだん使いのお茶の茶碗は、乳白色にあたたかい黄色の入った船木研児さんのものだ。松江の宍道湖のそばに立つ船木さんの展示室から見た湖は、その日波立っていた。いつもは静かなのに意外な表情を見せ、茶碗を使うたびに思い出す。

旅が日常に入ってくる。二重の楽しみに浸れるのだ。

何を大切にするかで価値観がわかる

何が必要で、何が無駄か。一言では言えない。必要なもの、不必要なものは、人によって違う。職業、生き方、考え方、その人のすべてがある。何を必要とし不要とするかは、価値観である。

大事にしているもの、いらないと思っているものを見れば、その人がわかる。

お金がもっとも大事と思っている人なら、金庫があって当然だろう。通帳や証券、現ナマが入っているかもしれない。とり出してニヤニヤしている人をだれも非難はできない。他人に迷惑をかけない限り、その人の価値観なのだから。

しかし、お金を価値のあるものと思わない人にとっては、その光景は美しくなく、滑稽である。

金ピカの家具や金目のもので飾り立てた家は、その人にとっては、必要なものだろうが、他人から見たら成金趣味で好ましいとは言いがたい。

わたし自身は、さりげなく、ほんとうにいいものだけを数少なくと思うけれど、基準はあくまで自分である。自分にとって何が大切かは、自分の生き方を問われていること、価値観が試されていることである。

家に行ってみると、すぐわかる。外で話しているだけではわからぬことも一目瞭然である。

仕事柄、よそのお宅へ訪問してインタビューすることも多かったが、印象に残っているのは、篠田正浩、岩下志麻御夫妻の家である。監督と女優の家であるから華美な風情を想像したりもした。それまで訪れたほかの女優や男優の家がそうだったからである。

篠田、岩下家はまったく違っていた。少し大きめの、さりげない造りのお宅だった。お嬢さんはその頃小学生。玄関には子供の靴もあるし、人に「見せる」という気持ちが感じられず、ふだん着のまま。通された居心地のよさそうな居間の外は緑の棚になっていて、インタビューも自然に進んだ。玄関のベルが鳴ってお嬢さんが帰ってきた。

「ここへいらっしゃい。ごあいさつをして。うちの娘です。こちらは下重さん……」

お嬢さんはあいさつをしてから、自分の部屋に向かった。爽やかな気持ちになった。いまでは珍しくなってしまったが、当然のしつけとしてどの家でも行われていたことが守られている。

訪れた人を、ありのままの姿で迎え、娘も、客に自然にあいさつをする。そのときわたしは、お二人の価値観を見たと思った。さりげなく決して人に見せるためではない自分たちの暮らしがある。ここちよかった。いつまでも話していたいと思った。

お嬢さんはすでに社会人だ。大人になってどんな価値観を身につけているか、わかる気がする。

必要最小限の物だけで生きる

必要最小限の物に囲まれて生きた人といえば良寛である。

東急文化村のザ・ミュージアムで良寛の遺墨展があった。名主の家に生まれながら家を出、僧としての修行後、諸国を遍歴し、故郷越後に戻って国上《くがみ》山の五合庵で暮らした良寛。六畳一間にいろり、庵も借り物で持ち物といえば、墨染めの衣と托鉢用の鉢、筆と紙くらいのものではなかったか。

自分の欲望を律した厳しい暮らしのなかで、心はこの上なくのびのびと自由であった。

良寛の書にはそれがよくあらわれている。

望まれても決して金のために書は書かず、いやだ、いやだと逃げまわったというが、書かれたものの計り知れない学識、そして哲学。なかでも、地震見舞いに書いたという有名な一文が心をとらえた。

……災難に逢《あふ》時節には災難に逢《あふ》がよく候。死ぬ時節には死ぬがよく候。是《これ》ハこれ災難をのがるゝ妙法にて候。

この心の自在さはどうだろう。その文から生きる力をもらったという人は多い。すべての権威を嫌い、寺に入らず一市井の人として生きた良寛にわたしたちが惹かれるのは、価値観である。物や金や権威ではなく、何が大切かということを教えられるからである。

展覧会には、良寛の持ち物も展示されていた。墨染めの衣、托鉢用の鉢。そして手まりが一つ。ぜんまいのわたに茶や紫の糸を巻きつけた小さな手まり。良寛が自分でつくったといわれているが、心が和んだ。

必要最小限の物のほかに、良寛は心をうるおすものとして好きな手まりを身近に置いた。子供とも遊べるし、一人で遊ぶこともできる。良寛の歌にある。

世の中にまじらぬとにはあらねども
ひとりあそびぞわれはまされり

ほんとうに大切なものは忘れない

何が大切で、何が大切でないかは、個々人によって異なる。一冊の本のほうが大切な人もいれば、金塊のほうが大事という人もいるだろう。車が大事という人もいれば、揺り椅子のほうが必要という人もいよう。その人のライフスタイルによって違ってくる。

趣味や大切にしている物を見れば、その人がわかってしまう。物を見れば人がわかる。物はすでに物ではなく、人間を表現するものになっている。恐ろしい。口で上手につくろおうとも、ごまかそうとも、持ち物を見れば、大事にしているものがわかってしまう。着るものひとつでも、シンプルだが、その人らしいしっくりしたものもあれば、こてこて飾ることで自分らしさを出したと思う人もいる。

わたしは「シンプル・イズ・ザ・ベスト」と心得ているから、身につけるものでも、できるだけ無駄をはぎとっていく。逆におしゃれとは物を加えていくことで、それが似合う人だっている。「シンプルに暮らす」と一口に言っても、どれを選び、どれを捨てるかは千差万別、実にむずかしい。

これだけは言えるかもしれない。自分が持っていることを忘れているものは、その人にとって大したものではないのではないか。

年寄りが物を捨てられないのは、ここに当てはまるのではないか。自分が持っていることすら忘れてしまっているから、結局皆とっておくことになる。忘れているものは、自分のなかで必要でなかったり、愛着がなかったりするわけだから、記憶の彼方に追いやられてしまう。

ほんとうに大切なもの、愛するものは、決して忘れはしない。ボケる以外は憶えている。ボケても、大切なものは憶えているという説もある。

冬から春夏になり、あるいは夏から秋冬に変わる衣替えの季節になると、持っている洋服で何があったか忘れているものがいくつかある。

出してみてはじめて、「あ、こんなものがあった」と気づく。わたしにとってどうしても必要で、好きな洋服ではない。忘れているぐらいだから、なくてもすむものかもしれない。

ほんとうに好みの洋服は決して忘れることがない。アクセサリーしかり、靴や鞄にしても同じことがいえる。

いるいらないの判断は、記憶を頼りにするといい。

わたしはある時期から、洋服やアクセサリー類をバザーに出したり、好きな人にあげたりしているが、基準は、忘れているかいないかに頼ることにしている。忘れていたものが出てきて、「あら、これも使えそう」と思っても、断ち切ることにしている。「使えそう」と思って、しまってしまうと、また忘れてしまうのだ。忘れるということは心に残っていない。自分の心の一端を占めるものではないのだから、なくてもすむのだ。

物は使うほどに輝く

大切にしまっておいて、忘れていたなかに、高価なものや思い出の品がないわけではない。忘れないためには、どうしたらよいか。常に目につくところに出しておくことだ。

陶器や漆器など、大切に箱にしまって押入れの隅、などということのないように、好きなものほど目につくところに置きたい。そして、使ってやる。

高価なもの、珍しいものだから割れたり、傷がついたりすると恐れてはいけない。一度も使わず、日の目を見ないよりも、多くの人に愛でられ、使われることこそ物は喜ぶ。

使うからには割れることも、傷つくことも覚悟せねばならない。それでも、使うことが、物の命を大切にすることだとわたしは思う。

いいものほど割れやすく、傷つきやすい。大切にしていた古い九谷焼の大皿が、愛猫が机に飛び乗ったとたん、滑り落ちて細かく割れてしまった。猫が悪いのではなく、落ちやすいところに置いたわたしが悪いのだ。

割れ物を修復する仕事をしている知人に相談したら、一年後に、見事に戻った。一見全くわからない。古美術的価値からいけば、無傷のものと、一度割れて修復したものではまったく価値が違うのだが、わたしにとっては同じである。好きな皿が戻っただけで十分。売ろうとは思っていないからだ。

愛する物、大切な物ほど、目に触れるところに置いて、常に愛でてやろう。物は輝いてくるし、自分の記憶のなかで忘れ去られていくことはない。どうでもいいものは忘れても仕方ない。

第三章

＊

豊かな生活を手に入れるための
いくつかの知恵

作り手の顔の見える食品を選ぶ

「衣食足りて礼節を知る」という言葉がある。ほんとうだろうか。そうは思えない。衣食が溢れている今日、シンプルでいいものを選ぶのがむずかしくなった。

衣はもちろん、食についても同じである。海外からの輸入が多くなっている昨今、素材は何なのか、どこでとれたものかを知るのがむずかしくなった。新しく売り出される加工食品は、どこで作られ、何を使っているかを知ることはきわめて困難だ。表示はされているが、カリフォルニア産やフィリピン産は当たり前、どうやって加工されたものか想像がつかない。スーパーで売られているレモンや果物も、日本でできたものは少ない。遠い国のものは防腐剤が入っているとも考えて、できる限り日本産のもの、野菜なら有機栽培のものを選ぶ。

わが家の野菜は、毎週一回届けられる自然食品か、科学者だった従兄が趣味でつくる野菜で、たまにスーパーで買うぐらいだ。

「作り手の顔の見えるものを買う」がわたしのモットーである。従兄の顔はわかっているし、週一回の自然食品も、一つひとつ「○○さんの葱」とか「××さんのトマト」と顔はわからぬが、名前で責任の所在がはっきりしている。

魚も、料理好きのつれあいが、方々の魚屋を歩いた結果、ここと決めた「いわ田」という店がある。値は高いが、店の主人が選んだ魚に間違いはない。いつだって「美味しい」と満足できる。河岸で選んだ魚はどこのものと説明があり、自家製の干物など絶品である。魚を選んだ人の顔がわかっている。

この店の、主人の目を信じ、奥さんのきっぷのよさに同感するファンは多い。亡くなった向田邦子さんもそうだった。歌舞伎俳優やら名門の家も多いが、それだけではない。

この店に毎日、一匹の魚を買いに来るお年寄りがいる。一人暮らしになった魚好きの彼女のたった一つの楽しみと贅沢は、美味しい魚を一つ買って食卓にのせること。究極のシンプルで贅沢な食卓である。わたしも歳をとって元気で一人暮らしなら、そうありたいと思う。お年寄りにも、ていねいに魚を選んであげるような魚屋を見つけることだ。

八百屋でも豆腐屋でも同じ。顔が見え、顔なじみだとへんなものは売れない。そういう店が少なくなった。

食卓をシンプルにするには、これと思う魚屋、八百屋などの店を吟味することだ。

レストランや料理屋でも同じだ。外食の場合もわたしは、作り手の顔の見える所を選ぶ。夫婦二人の店や板前の顔もわかる店にはあまり間違いがない。美味しいと評判になり、マスコミに登場するようになって店を大きくすると、味が落ちる。店が大きくなると、料理人の数も増え、作り手の顔が見えなくなるからだ。

先日、中央線西荻窪駅前の昔よく行った台湾料理の店をのぞいた。おやじさんは亡くなったらしいが、息子が継いだらしく、相変わらず、小さくて屋台風なつくりは変わっておらず、味も同じだった。

もうひとつ同じ駅前のこけし屋というレストラン。昔と同じ二階にあり、味も美味で、土産に買ったケーキの味も変わっていなかった。

作り手の顔が見えたり、想像できる店が少なくなった。それだけわたしたちの食卓は貧しくなった。一見美味しそう、豪華風なものはいくらでも売っている。しかし実際に食卓にのせて感激するものは数少ない。

わたしたち自身が食に対して責任をもたなくなったことも原因だ。自分で作る手間をはぶき、出来合いのものを買う。たまに作っても、既製の調味料やたれを使って、自分の味を作らない。

自然な物をシンプルに調理する

わが家は、人工調味料はいっさい使わない。良質な醤油、味噌、塩、酢、砂糖など基本的なものだけである。だしも、かつお節を削り、じゃこや昆布を吟味する。その他、ごまや干しえびなど昔からある素材だけだ。

食におけるシンプルとは何かと言われたら、自然のものを食べることだと考えている。それが健康にもつながってくる。新しいもの、便利なもの、加工して手間のかからないものを追うあまり、食はいまや複雑怪奇で、遺伝子組み換え食品など、わたしたちの手の及ばないものになってしまっている。

わかりやすく自然でシンプルなものを調理するためには、シンプルな道具が必要になる。ややこしい電気製品などではなく、手を使う。かつお節削りや大根おろし器、ごまを炒るほうろくなど、わが家ではこだわって使っている。

電気釜にしても、二人暮らしなので、保温も何も他の機能のついていない二合炊きのもの。そのほうが直火のせいか、かえっておいしい。電気製品は機能のシンプルなものを選ぶに限る。

結局、着るものは決まっている

　クローゼットを開けて、つくづく眺める。この中の何着を実際に着ているのだろう。その時は気に入って買ったはずが、着ていないものばかり。いつも着るものは決まっている。友達に聞いてみても、そう言う。結局、着るものは決まっていると。

　自分の好みのもので、着やすくて着ていて落ち着く。自分に合っているものだけ買って、余分なものは買わなければいいのだけれど衝動買いをする。結局、衝動買いしたものはあまり着ない。

　もう一つの失敗は、すでに持っているものと同じようなものを買ってしまうことだ。夏の終わり、秋から冬のものを買おうと出かけて、ふと目についてハイネックの黒のセーターを買う。まだ秋冬物は入れ替えをしていないから、何があったか、すっかり忘れていて、家へ帰ってみたら、似たものがあった。

こんな失敗は数限りない。人の好みというのは、そうそう変わらないから同じものや、似た傾向のものを買ってしまう。

買い物に行く前には、自分の持っている洋服をよく調べてから出かけよう。ほんとうに必要かどうか。必要に迫られて出かけるならいいが、必要もないのになんとなく買い物に行く癖はやめたい。

女の趣味は買い物だというが、デパート、専門店などふらふらと歩いている女性のなんと多いことか。

わたしは、デパートはさまざまなものがあって疲れるのであまり行かない。買物自体もそんなに好きではない。自分の好みが決まっているので、あまり浮気はしない。浮気をしても結局、後悔するだけだから。

ここに来るまでどのくらいの無駄をし、失敗をしてきたか。この歳になってようやく、どれが浮気で、どれが本気かの区別が最初からつくようになった。もう本気のものだけしか買わない。

どうしても欲しいというものは、そうはない。いままでに買ってしまっているから、どう上手に組み合わせ、新しいコーディネートを工夫して着まわすかで十分なのだ。

わたしの場合、昔から、色は黒、白、ベージュ、グレイなどの無彩色。時に真紅なども着るが、色は決まっている。無地か縞、格子くらいで花柄はほとんど着ない。若いときも決してよくはないが、歳をとっての花柄はみじめである。その中に埋没して、おばさんであることが目立ってしまう。いわゆる、おばさん柄は絶対に着ない。若い人の売場で、生地のよい、仕立てのきちんとした、シンプルでオーソドックスなものを選ぶ。

自分に似合うものを知る

なぜ日本では、年齢によって着るものが決まるのか。若い人は若者の流行、おばさんはおばさん柄ばかり売っている売場で買う。そのほうが安心なのだろう。結果として、みんな同じようなものを着て、連なって歩いている。

夏から秋、わたしは軽井沢の山荘で仕事をすることが多いのだが、歩いて一〇分で行ける旧軽銀座に出かけてみると、原宿が引っ越してきたように、ごった返している。若い人たちも多いのだが、中年以降の人も多い。みな、おばさん柄を着て帽子をかぶり、ナップザックを背負って没個性なのだ。

年齢によって着るものなど変える必要はない。「個」によって変えればいい。人それぞれの好みで変えればいいのだ。わたしはいくつだからだの、まわりがうるさいからだのと気にしていては、年代ごと、環境ごとに、新しく買わねばならない。

自慢じゃないがわたしは、若い頃に買ったものを、何十年も着ている。好きなものは変わらない。好みもあまり変わっていない。体型もほとんど同じなので、寸法を気にすることもない。四十年も前の学生時代のものだって着ることができる。

実に経済的なのである。若い時の浮気はいいが、歳を重ねての浮気はいただけない。ほんとうの自分の色、型に歳を追うごとに到達せねば。

ライフスタイル・コーディネーターのフランソワーズ・モレシャンさんは、ある時期から、黒・白・赤以外の色は着ないと決めた。自分に似合う色に絞って、そのバリエーションで楽しむ。これぞ、ほんとうのおしゃれである。あれもこれも、「ちょっといいわね」では、いつまでたっても無駄づかいでつまらぬ物ばかり増える。

問題は、バーゲンである。これと決めた品や狙った品をバーゲンで買うのはいいが、なんとなく安いからというので、バーゲン会場に行く。わたしはそれがわからない。いくら安くてもいくつか重なれば、いいもの一着と変わらない。「安物買いの銭失い」はほんとうなのである。あのバーゲン会場での雰囲気につられて、必要でもないものまで買ってしまう。君子危うきに近寄らず。バーゲン会場には、近寄らぬがいい。

ほんとうのおしゃれは、同じ型の同じ色の物を何着か持っているという。自分の好み、自分に似合うものを知っていれば、上質の布地で同じ型、色のものをつくっておいてそれを着替える。シャツやブラウスを変えれば雰囲気も変わるし、同じ物なら着まわしはいくらでもできる。不必要なものを買うこともない。

時代に左右されない定番が欲しい

少し前、「ユニクロ」の製品が爆発的に売れた。成功したのはなぜか。値段が安いことや、宣伝力もあろうけれど、わたしにいわせれば、無駄がないことである。

ユニクロの製品は、もっとも基本形に近い。誰もが着られて、誰もが似合う。機能的で、もっともベーシック。基本形を色の違いでファッション化している。色も一色や二色ではない。あらゆる色がある。同じものを着ていても同じものには見えない。基本形だから、歳をとった人にも似合う。飽きがこない。デザイン化してないから、着古したらまた買えばいい。同じ色でも気分を変えて違う色でも。

わたしは、若いときからオーソドックスな無地のタートルネックのセーターや何気ないカーディガンが好きだった。どう着こなすかはその人の個性である。

その形が気に入って同じものを買いに行くと、もうない。次のシーズンになると、まったく違ったものになって、いつの時代にも必要でしゃれた基本のものがない。さまざまな色や模様やらは溢れているが、基礎になる黒、白、ベージュなどもない。シーズンが変われば、どんなにいいものでも、必ず変わってしまう。それが日本の流行なのだ。

外国に行くと、基本は常に押さえられている。いつもあるものの上に、その折々の流行が加わっている。

ロンドンのアクアスキュータム。コートもセーターも、何年か経って行ってみても同じものがある。「これこそこの店の誇るもの」というオーソドックスがある。それが気に入ったとなると、旅の終わりにロンドンに寄り、同じものを求める。

おしゃれとは、気に入った同じものを何枚も持ち、取り替えて着ること。自分に合うものが何かを知っている証拠である。一見いつも同じものを着ているようでも、上質で、その人に似合って、自分らしいものを知っていることになる。

アクアスキュータムの店員も見事である。特派員として外国にいたつれあいがコートを求めようとし、オーソドックスな紺か黒かどちらかと迷っていたら、年配のベテランらしい男の店員が「黒になさい」という。どんな場合にも着られ、黒が基本だという。そのとおり、黒を選んでほんとうによかったと言っている。

欧米には、こうしたベテランの店員がいる。日本では若い女性ばかり。しょっちゅう変わって何を聞いてもわからない。どの職場にも素人ばかりが増えた。

お手本はオードリー・ヘップバーン

こうなれば、自分の目を養うしかない。着るものでいえば、自分の基本形を知ること。もっともシンプルで似合うもの。形でいえば、冬ならばタートルネックのセーター、色は黒、白、グレー、ベージュなどの無彩色。色物なら朱系統の赤。夏も、あまり襟のあいたものは着ない。飾りのあるものや花柄は着ない。

ということなので、選ぶのも早い。趣味がはっきりしているので、迷うことも少ない。一度うっかり花柄のスーツを買ってしまったが、一度着ていやになり、それ以来ほとんど着ることがない。若いときは、まだあれこれ試してみたが、歳とともにますます好きなものや着るものは決まってきている。

日本でも最近は、シンプルな基本形が「定番」というかたちで定着した。その上に折々にファッション性が加味されて、ずいぶん成長してきた。若いおしゃれな人々も、黒、白、ベージュ、グレイなどをうまく着こなしている。

これからは、オートクチュールよりも、その人が何を選ぶかによってその人らしさを発揮する時代になっていくだろう。

買い物の失敗も少なくなれば、いらないものがたまることも少なくなるだろう。

わたしなど体型があまり変わらぬせいで、若い頃に買った、黒や白のセーターなどいまでも着られる。生地さえよく選んでおけば、いつまでも大丈夫だ。

何が基本かと問われれば、わたしはオードリー・ヘップバーンの黒のタートルネックのセーターに黒のサブリナパンツをあげる。『麗しのサブリナ』の中の黒一色の何の変哲もないこのスタイルこそ、定番中の定番。ヘップバーンに一番似合った。豪華な衣裳のひしめくパーティーにヘップバーンがこの姿であらわれて人々を魅了した話も有名だ。ヘップバーンがいまだに皆から愛される秘密がここにある。

用と美を兼ね備えたシンプル住まい

マンションを選ぶとき、わたしはできるだけシンプルなものをと考える。まず名前。「○○ハウス」とか、「○○アパートメント」とか「○○マンション」とか、いうのはいいが、聞いたこともないような、フランス語だかイタリア語だかスペイン語だかわからぬ名がついたところは遠慮する。作り手のセンスがわかるからだ。ややこしい名前のものは概して、こてこてした装飾やつくりになっている。

最近、わたしの住むマンションのそばに、超高級マンションができた。場所は、抜群によい高台にあり、豪邸の跡なのだが、モデルルームを見に行って、やっぱりと思った。

マンションの入口から、まるでイタリアの貴族の邸のようなドームの中を通る。共用部分にお金をかけた飾りがある。庭は、刈り込んだヨーロッパ式庭園。実に人工的にできている。

そして、把手など金ピカ。照明具なども豪華だ。たまに行くならいいが、こんな家に毎日いたらきっとくたびれてしまうだろう。欧米の人々には向くかもしれないが、淡泊で、自然とともに生きてきた民族である日本人の性質には合わない。

最近は、そうでない日本人も増えてきているが、わたしはいやだ。さりげなく自然に住みたい。

というわけで、わたしのいるマンションは、実にさりげなくシンプルだ。緑が多く都心で便利なので、バブル期には値段は高くなったが、庭は四季折々の花や木々が植えられ、電柱や電線のない、ケヤキ並木の道は歩いていて気持ちがいい。

デザインもシンプルで、外観は濃いめのベージュ、内側はオフホワイト一色である。天井は高く、廊下は広い。間取りも実にわかりやすく、玄関を中心に左右に寝室と仕事部屋、接客を兼ねたリビングルームに分かれているだけである。無地のオフホワイトの壁なので、何を飾っても合う。

玄関を入ったところの壁には、昔の蔵の戸を二枚飾っている。一枚は網扉で、一枚はケヤキの一枚扉。塗りと錠前が見事なものを、骨董屋で手に入れて預けてあったのを立てかけた。タペストリーがわりにわたしが蒐《あつ》めている藍の筒描きの祝布団をかけてもいいし、古い信楽《しがらき》の壺も合う。

シンプルな住まいだからこそ、何だって合うのだ。

これが柄ものの色がたくさん入った壁紙ではどうだろう。家具やインテリアも合わせにくい。イギリスなどの小住宅は細かい模様の壁紙にデコラティブな椅子など見事に合わせているが、それは長い伝統あってのこと。おいそれとまねはできない。シンプルなつくりであってこそいい。

体が不自由になったときのことも考えて

わたしは、決して家具を統一したりはしない。古い日本の箪笥にイギリスの手づくりのダイニングセット、ソファは濃茶の皮のスウェーデン製に、テーブルはイタリーと。

こう聞くと、ごてごてしていそうに思われるかもしれないが、何もないシンプルな部屋だから違和感がない。一つのセットでそろえれば調和はあるが面白味がない。どこの国のものでも、わたしという選び手の目があれば、自然に調和するし、選ぶ面白さもある。

ついでに言うと、この住まいには段差がない。玄関から上がるのも二センチほどしかなく、あとは平面だから廊下の広さもあいまって、車椅子生活になっても大丈夫。

「バリアフリー」という言葉がなかった時代、体が不自由になったときのことも考えずに買ったものだが、ニューヨークで学んだ設計者は、見事にその思想を取り入れていた。道路からのマンションの入口は階段だが、裏口から入れば、平面でそのままエレベーターへ自然に玄関まで来る。歳をとったら便利この上ない。確かめて買ったわけではないが、シンプルを心がけていたらそうなった。

ちなみに近くにできた超豪華マンションは風呂に凝っていて、一段上がって入るようになっている。体が不自由になったら不便この上ない。段差もできるだけないシンプルさこそ大切なのだ。

かくいうわたしも、若い頃は西洋式小住宅が好きだった。その頃自分で設計してつくった家は、西欧風の趣はあるが、段差は多く、使い勝手の悪いことといったらなかった。母からさんざん文句を言われた。庭の入口も西洋風鉄の扉であるし、わたしの部屋の窓には、鉄製のバルコニー。凝ってはいたが、シンプルとはほど遠かった。いまから思うと若気の至りであった。あの頃一緒にいた祖母は、さぞ階段など段差で苦労したであろうことを思うと申し訳ない。

収納が少ないのも問題だった。

日本のかつての家は、縁の下が食料等の収納になり、台所の床下を開けると味噌、醤油などひんやりしたところにあった。押入れも大きく、夏冬の入れ替えの家具まで入った。階段も引き出しがついて箪笥になる。布団をしまえば居間になり、襖をとれば大きく使えた。屋根裏にもたくさん入った。シンプルななかに暮らしの知恵が詰まっていた。

近年、昔の知恵を生かした家ができてきている。もし家をつくるなら、マンションを買うなら、あくまで間取りも壁紙などもシンプルに。

それでこそインテリアの腕がふるえる。

「そろえる」という考え方をやめてみる

女性雑誌のグラビアなどを見ていて、いつも不思議に思う。どの家も、見事に片づいていて、これで暮らせるのかしらと思う。生活の匂いがしないのだ。住んでいる人の匂いが感じられない。

撮影のために片付けたかもしれず、ふだんはもっと散らかっていて、人間くさいのかもしれない。わが家だって、時々撮影があるときはあわててキレイに整理するから気持ちはわからないでもない。

　どこか一カ所は生活の匂いのする場所を残しておくのだが、その部分はあまり撮影されなかったりする。

　グラビアに出ているような部屋は親しめない。家具だって全部イギリス家具で統一されていたり、どこそこのブランド品ばかりだったり、家具の展示室のようで、住んでいる人の匂いが感じられない。

　居心地が悪そうなのだ。見た目はいいが、暮らそうという気にはならない。

　民芸調の家というのがある。古い日本の家具や布を使って飾りたてる。これもグラビアなどによくあるが、すべて民芸調でこんなところに住んだら、さぞ疲れるだろうという気がしてくる。わたしの広尾のマンションも日本の古い箪笥など置いてあるが、まったく白い壁だけでシンプルな部屋なので、家具は重く感じられない。

　居心地をよくするためにはどうしたらよいか。自分らしい空間をつくるためにはどうしたらよいか。

わたしは、〝そろえる〟という考え方をやめることを提案する。システム・キッチンとか、イタリア製、あるいはスウェーデン製というふうにそろえない。一つのもので統一しないことがコツだ。

バラバラになって、色彩も材質も統一されず、とてもシンプルに暮らせないとお思いだろう。何かで統一することは楽なのだ。ブランドやメーカーを限ることはやめよう。統一するなら、自分の好みで統一することだ。

わたしの家の居間は、日本の古い箪笥、イギリスの手づくりの食卓と椅子、スウェーデンの食器棚に革製のソファ、イタリアの卓子とまったくバラバラである。けれど、わたしという色で統一されているから、決しておかしくはない。

本人が思っているだけでなく、さまざまなところから撮影の依頼があるし、人が「落ち着く」と言ってくれる。

わたしなりに工夫しているからだ。まず色や形の奇抜なものは置かない。

わたしや家族がそこに座ってしっくりくることが第一条件だ。どんなにいいと思っても、違和感のあるものは買わない。

家具を買い足すときは、あるものを基準に考える。捨てて新たにとは考えない。好きで買ったものだから、すでにあるものをもとにして考える。

洋服だって同じだろう。いまあるもので気に入っているものを中心に、どう合わせて、着こなせるか考えるのが、センスの見せどころだ。おしゃれといわれる人は、やたらにブランド品を買い漁り、そのなかに身をおいたりしない。

なぜパリジェンヌが素敵といわれるか。決して新しいものを着ているわけではないが、組み合わせがうまいのだ。いま持っているものにブラウスやスカーフなどでちらりと色づけして、新しく着こなしてしまう。

家具だって同じことなのだ。グラビアに出てくるような家でなくていい。住んでいる人の匂いや個性を感じさせる住まいであってほしい。高価なものや贅沢な暮らしでなくも、何か心に沁みてくるもの、その部屋の主を彷彿とさせる部屋であってほしい。

大学時代の恩師である暉峻《てるおか》康隆先生が九十三歳で亡くなった。

そのお宅を訪ねると、最後までライフワークの季語の研究の原稿を書き続けた机兼用のこたつ、木のベッド、廊下にはみだした本棚のおびただしい本。骨壺の前に花と最後まで愛した酒が供えられていた。簡素で、慣れ親しんだ必要なものだけの暮らし。そこに座って原稿を書く先生の姿が、彷彿として浮かんだ。

お手本にしたい「すっきり住まい術」

アメリカの銀行マンと結婚した友人がいる。高校時代の同級生で、留学先のアメリカから帰り、広告会社でがんばっていたのだが、結婚後は、アラブ、アフリカ、香港各地の支店長の奥さんとして、慣れぬ土地で子育てをし、二人の子は成人して、先日お嬢さんの結婚式があった。

わたしは、ニューヨークではパーク・アヴェニューにある彼女のアパートメントで居候をさせてもらうのだが、きれいに片づいていることに感心させられる。住み込みのフィリピン人のお手伝いさんがいなくなったあとも、広い家を一人できれいにしているのだが、いつも片づいているコツをあるとき、聞いてみた。

夫婦二人になってからは、時間もあるが、現役の支店長夫人時代、子供は小さいし、手が回らずたいへんだった時期があるという。そんなとき、外国暮らしの長い外交官夫人に、教えてもらったことがあるという。それは、日中はいかに散らかっていようとも、夫が家に戻る時刻には、押入れや物入れの中に入れて、一歩家に踏み込んだときは、すっきり片付けておくことだと言われたとのことだった。

忙しければ、見えるところだけでもいい。きれいにして無駄なものはしまってしまう。着るものやおもちゃが散らかっていようとも、それらをサッとしまってしまう。その手際が大事なのだという。

物入れの中では、積み重なっていようと傾いていようと、戸を閉めればすっきりと見える。

忙しいときに、一から片付けるのは容易ではない。特に小さい子に手が掛かるときはたいへんだ。だからといって、それをエクスキューズにして、いつも乱雑では夫も子供も、いや自分も嫌気がさしてしまう。一日に一回、夕刻にはすっきりさせる癖をつけたい。

他人の目を利用して、わが暮らしをチェック

わが家では、ともかく、夕食時は食卓のあるリビングルームを片付ける。クッションの置き場を正し、本や雑誌、新聞もきちんと重ねておく。それだけで、食事が楽しくなる。散らかったところでの食事は気分がよくない。

仕事場だけはそうはいかない。わたしのようなもの書きは、資料を広げたままだったり、参考書の読みかけや辞書など、散らかったままで、他の人に

片付けられたらわからなくなってしまう。自分なりにわかるように、扉を閉めれば外と遮断できるようにしておく。そんな中で仕事をしていると、リビングに行って食事をし、くつろぐときまで雑然としていたのでは気が滅入ってしまう。

プライベートルームは、その人にしかわからぬように散らかっていても、共用の場所だけは気持ちよく、物をやたらに置かない空間にしておきたい。そこへ出て来さえすれば、気持ちが和やかになる。そんな部屋が欲しい。

お客を面倒がる人も多いが、他人の目にさらすことは、客観的に暮らしを見直すいいチャンスである。急なお客であわててキレイにするのも捨てたものではない。いかに手早く、効果的にきれいにするか。シンプルに暮らすための手際を試されていることにもなる。ニューヨークの友人の話を思い出し、とりあえず隠し場所にしまってしまう。

時折雑誌やテレビなどで部屋の撮影を頼まれることがある。

面倒で、断りたいと思うのだが、できる限り引き受けることにしている。

写真に撮られるとなると、気分よく住み心地よく見えたいと思う。日頃散らかっていても、整理するはめになる。いらない物は捨て、効果的にしつらえを考える。

ということは、撮影する側の目、第三者の目になってわが暮らしを見直すことになる。思いがけぬ無駄に気づき、思いがけぬ飾り方を発見する。

ちょうどいい具合いに撮影が入ったり客が来たりするおかげで、わが家はほこりや塵にまみれずに暮らせているのかもしれない。それでなければ、面倒くさがりのわたしのこと、もっと家の中が乱れてしまうかもしれない。

服装だって同じだ。人に見られるからこそ、緊張感もあり、おしゃれをする気にもなる。心がしゃんとするのである。

上手に客を利用し、他人の目を利用して、シンプルに暮らそう。

いざとなったら物を突っ込める収納場所を確保しておくこと。小さな物置や隠れ部屋があってもいいし、物の収納場所を日頃から決めて、すぐしまえるようにしておくことも大事だ。

押入れや棚が限られてしまう場合、わが家では大きなカゴを利用する。フランスの古い大きな竹製の洗濯カゴや、エジプトや東南アジアで買ってきた民族色豊かなカゴ。ここにポンと入れておく。それだけで部屋は片づき、アクセントになる。

砂漠の中の豊かなお茶会

中近東が好きだ。エジプト、シリア、レバノン、イスラエル等々、歩いている。病が高じて、エジプトに半年間住んだこともある。このあたりは、砂漠地帯で、もともとは砂漠の民なのである。

旅の途中、ベドウィン族に出会う。ベドウィンとは砂漠の民で、移動して歩くために、常に全財産を持ち歩く。砂漠に張るための黒いテント。炊事の道具、衣装、じゅうたん、羊などの家畜、最近は自家発電の装置やら家財も増えて、車に乗せて移動している風景に出会うが、いずれにしろ、気候のいいところをまわってテントを張るのだから、荷物は最小限にせざるを得ない。

ベドウィン族のお茶会に招かれたことがあった。春のヨルダンの砂漠だった。夏は、茶色く枯れた草がこびりつくだけの砂漠なのだが、春行ってみると、一面のお花畑であった。シリアやヨルダンの砂漠では、冬少量の雨が降るので、春草花が育つ。小さな白、ピンク、紫、黄などの淡い花が一面に開いてその美しいこと。雲雀に似た鳥も空高くで鳴いている。

「春来てごらん、砂漠に花が咲くよ」と言われたわけがよくわかった。

のどかな風景のなかに、黒いテントが点々とある。その一つにわたしは招かれた。

テントの入口をくぐると、中は一面にじゅうたんが敷かれている。砂の上に直接じゅうたんを敷くこともあるらしい。雨はほとんど降らないから、こんなこともできるのだ。

じゅうたんの上に、見事な彫り模様のある丸く大きな銅板。いわばテーブルである。その上に首の長い中近東特有の水さし、そして金だらい風の器。

ここに水を注ぎ、手を洗う。砂漠で水は貴重である。少量の水で指先を清める。水がないときは、砂が代わりに使われる。砂ならいくらでもある。

丸い銅板を囲んでじゅうたんの上に座ると、黒いガラベーヤに身を包んだ男がコーヒーを運んでくる。アラビックコーヒーは、器に粉を入れ、水を入れ、直火で沸かしたもの。粉が沈むのを待って飲む。残った粉を外にまいて、その形で占いをしたりする。コーヒーはなくてはならない接客用具なのだ。そのほか、シャイ(チャイ)と呼ぶ紅茶や自家製のクッキーのようなものがある。

女は客のいるところに来ないから、接客係は男ばかりである。お茶とクッキーと決まっているが、何杯でもおかわりができる。「もうたくさん」と言わないと、次々とつがれてしまう。

アラブでは本来酒は禁止だ。この頃は、崩れているところも多いが、わたしが招かれたアラブの結婚式でも出席者にふるまわれたのは、お茶とお菓子だけ。日本風のごちそうを期待してお腹を空かせて行ったら、ひどい目に遭った。

食事のための器も最低の数しかない。持ち運びできるものが多く、金属製の割れにくい大皿に入れて、みんなが手をのばして食べる。簡素な暮らしとは、みんなが一つ盆を囲んで、話しながら楽しく食べるものだったのだろう。日本のいろりを見てもわかる。いろりを囲んで家族、客が顔を並べ、自在カギにかけた鍋には湯がたぎり、汁ものもおかずも煮ることができた。それを分け合って食べるのは、シンプルで心温まる風景だったろう。

わたしは、ベドウィンのテントで味わったお茶会と、そこに集まった人々のもてなしが忘れられず、お茶会用の一式を手に入れたいと思った。

エジプト滞在中に、スーク（市場）を歩き、古道具屋にも行ってみたが、見当たらない。実用品のせいなのか、なかなか市場に出てこない。探して探して、ある日、カイロ一のスーク、迷路のようなハンエルハリリーの出口で、ほこりをかぶった銅板に出会った。

よく見ると古いもので、花や鳥や見事な彫りが施されている。お茶道具はないかと聞くと、手洗いの水さし、金だらい、把手のついた、コーヒー沸かし器、シャイのグラスなど奥から次々と出てきた。全部買うからと言うと値は急に下がって、わたしは車に運んでやっと持ち帰った。日本に帰るときも、郵送してなくなると困るので、飛行機用の荷として抱えて帰った。

わたしの家では、時に友人を招いてお茶会をする。アラビック風コーヒーと紅茶、そしてクッキーだけだが、道具自体が面白い。客にアラファト風の赤と白、黒と白などチェックのターバンをかぶせると気分は砂漠のお茶会。何もなくとも珍しいので、みな喜んでくれる。

高価な物があればいいのではない。珍しいものがあれば、シンプルにいくらでもパーティーはできる。アラビックな音楽でもかければ最高。お花畑と化した砂漠のお茶会ののどけさを味わうことができる。

好意の押し売りはいけない

贈り物ほど、その人のセンスが試されるものはない。心のこもった贈り物だの、手のかかったものなどというけれど、好意の押し売りはいけない。好意や善意であればあるほど、手の施しようがないほど困ることが多いのだ。

例えば手づくりのもの。味自慢でおいしいものをほんの少しならいいが、味も人もそれぞれつくった人がおいしいと思っても、相手がどう思うかわからない。味覚も個人的なものだからだ。

わたしの従姉になる奈良に住む女性は、春になると庭のキンカンを甘く煮たものとちりめん山椒を小さな容器に入れて送ってくれる。届くと、「あ、また春がきた」と嬉しくなる。そんな小さな好意は嬉しいが、漬け物などどっさり送られると、二人暮らしにはほんとうに困ってしまう。相手の家族、生活様式、好みなどよく知った上でなければ、手づくりはやめたほうがいい。

よほど親しくてわかりあえる間柄以外は手づくりは避けたほうがいい。

仕事で出かけた先などで、お土産にと知らぬ人から手づくりの品をいただくことがある。手芸でつくった人形だの民芸風の袋など手がかかっていて、好意であるだけに困ってしまう。

友人のなかには、その場で断るという人がいるが、つくってくれた人の気持ちを考えるとそうはいかない。一応いただいて帰るが、まず使うことがなく、人にもあげられず困り果てる。

かつて『贈り物の本』という本を出したとき、数十人にインタビューした。亡くなった伊丹十三監督は、「一番困るものは、手づくり」と言った。まったく同感である。手づくりのものはシンプルでない場合が多く、それがたまると、シンプルな暮らしができなくなる。

手づくりでなくとも、いわゆる手工芸のおみやげ品をもらって嬉しいことは少ない。ほんとうにいいものならいいが、ちょっとした彫りものや焼きもの、塗りものなど、使えないもの、こちらの趣味に合わないものが多い。無地ならばまだ救いもあるが、花模様など、模様入りの場合には始末に終えない。

趣味のものは人に贈らないこと。とくに飾りものはやめたほうがいい。だいたい日本人は、お土産を買いすぎる。旅へ出れば、日本でも外国でも買いすぎだ。わたしはお土産は自分のために買うものと心得ている。その土地に行ったのは自分なのだから、それを見て思い出す風景や場所があるのは自分しかない。それも自分で自分の好みのものを買うのだから間違いはない。人のための土産はやめよう。

他人の家に行くのも、手土産をすぐ考えるけれど、それだけで荷が重い。相手の好みもわからず何か持っていくよりは、手ぶらで気楽に行けないものか。もし、お礼の気持ちがあるなら、後で送る。一度訪問していればだいたいの雰囲気で好みがわかる。

一枚の手紙が最高の贈り物になることもある

お金のかかったものがいい贈りものであるはずもない。『贈り物の本』のなかでインタビューした小沢昭一さんは、中村メイコさんの結婚式の贈り物に、「銀座八丁」と題して、一丁目から八丁目までそれぞれの店で一つずつ買ったものを組み合わせたという。心がこもるとは、こういう粋なことをいうのだ。

物よりも、一枚の葉書や手紙がどんなに心を慰め、励ましてくれるか。誕生日を忘れずに、毎年手紙をくれる人。その日に必ず電話をくれる人など、四十年も続いている。これなど、ほんとうに嬉しい。

とくにこちらが落ち込んだときや病気のときの手紙は嬉しい。わたしは、人のお祝いよりも病気や家族の不幸のあったときなど、ふだんは筆不精なのに、心を込めて書く。わたし自身が手紙で勇気づけられたことが少なくないからである。

大島渚監督に聞いた話だが、いままでに一番嬉しかった贈り物は、『マックス・モナムール』という日仏合作映画の撮影中に、パリで誕生日を迎えたときのことだそうだ。

そのとき、主演のフランス人女優から贈られた一枚の古びた新聞。それは、大島さんが生まれた年の生まれた日の新聞だった。その新聞を探してくれた苦労と心に、ほんとうに頭が下がったという。

贈り物はなにも、物である必要はない。どういう発想で自分の心を伝えるか。そのためにも相手をよく知ることだ。よく知らない人には贈るのをやめよう。好意の押し売りはいただけない。

手紙でシンプルなのは、永六輔さん。父上や母上が亡くなったときも、奥様のときも、お悔やみの手紙を送ったら忙しいなかすぐ返事がきた。葉書に三行、大きな字で書かれていた。

簡単でシンプルな言葉がより深く意味をもち、書いた人の心を伝えてあますところがない。

スーツケース一つのシンプルな旅

旅に出るとき、いちばん憂鬱なのが荷物である。荷物が多いと、気が重くなる。荷を少なく、必要なものは持っていくのかに心をくだくことになる。限られた枚数でいかに着替えるかの計画を立てるのも大事だ。シンプルにならざるを得ないのである。

若い頃観た映画には、ホテルに着いたヒロインの荷が、ロビーに次々と運び込まれるシーンがあった。オードリー・ヘップバーンの『昼下がりの情事』でもそんなシーンがあったと記憶する。

一流ホテルにたくさんの衣裳を入れたトランクをポーターに持たせて、客が到着する。そんな旅をしてみたいと思ったものだが、実際に旅をすると、持ち運んでくれる人がいたとしても、コンパクトに、少なくすることが必要だと気づいた。

以来、旅の荷造りには心をくだく。いかにすき間なく詰め込むことができるか。衣服のたたみ方一つ、靴や鞄の凹凸をどう組み合わせるか、やってみるとゲームのようで、なかなかに楽しい。入らないと思ったものが、やり方次第で見事におさまったときの嬉しさ。

わたしは荷を詰めるのが得意だ。つれあいときたらその工夫ができず、結局わたしが荷造りをするはめになる。

コンパクトにまとまっているわりには、結構たくさん入っていて、他人からも感心される。おしゃれ用にはスカーフやブラウスで気分を変え、まったく同じ服装ということはほとんどない。

旅先では、組み合わせが大事だ。持っているものは限られているから、それをいかに有効に使って気分を変えるかが試される。衣服に関しては、それが大事。あとは現地で調達することだ。

旅の極意は「郷に入っては郷にしたがえ」

西インド洋に浮かぶモーリシャス島へ旅をしたときだ。

かつてのフランスの植民地だけあって、ホテルもしゃれた雰囲気である。部屋の目の前は浜辺で、すぐ海へ降りてゆける。夜は、ちょっと気分を変えたいが、持っているものは限られている。

街へ出たら、民族色豊かな涼しげな布を売っていた。一着分で売っているから、それを買ってきて即座にドレスにしてしまう。布を巻きつけ、結び、簡単に夜用の衣裳ができあがった。豪華な衣裳より、海辺の夜を楽しむにはふさわしい。

自分で工夫したように書いたが、欧米の女性をまねただけである。彼女たちは実に見事に、旅先のもので雰囲気を醸し出す。

一枚の布を、ミニスカートにしたり、ロングにしたり、手品師のように身にまとう。サリーにしろ、インドネシアのバティックにしろ、一枚の布を巻きつけることからはじまった。素朴な素材のサンダルを履き、髪に一輪の花を飾れば、立派な現地風のレディのできあがりだ。持ち帰ればおみやげにもなる。

「郷に入っては郷にしたがえ」。これが旅の極意である。旅を楽しむためには、郷に入ったら郷にしたがい、旅先の地に身を任せるしかない。

せっかく旅に出かけたのに、日本に比べてどうだとか文句や批判をする人がいる。そんな人は旅をする資格がない。旅とは、異空間に身を置き、楽しむことなのだから。

その点、欧米人は旅慣れている。昔からバカンスで長期間、見知らぬ土地に身を置く習慣があるから楽しむコツを知っている。日本人は、たかだかこの二、三〇年で、外国に出かけるようになったから、訓練ができていない。

若い人たちは楽しみ方もうまくなったが、年輩の人は相変わらず無駄なものを持っていく。

旅に出て無駄のない暮らしを訓練する

旅をするときは、できるだけシンプルを心がけ、練習してみよう。若者は荷を少なく楽に旅をするのが上手なようだが、少し上の世代になると、旅を特別に考えて、あれもこれもと持っていく。

旅慣れた人というのは、余分なものを持たない。昔、雑誌『旅』の名編集長だった戸塚文子さんから旅先で下着を洗う話をうかがった。着たままで風呂に入り、石鹸をつけて体を洗い、それから干す。そうすれば下着も少なくてすみ、別に洗う面倒がない。

欧米人の旅でうまいなと思うのは、古くていらないものを着て行き、現地の布などを買い、体に巻きつけて洋服のかわりにし古いものは捨てる。海辺などでは、そのほうがずっと素敵な装いになる。靴も、ヨーロッパやアメリカは安いから、わたしは捨ててもいいものを履いて行って、新しいものに履き替える。

旅支度をいかにコンパクトに少なくできるか。わたしは荷物が少ない。必要最小限のものを持つ。いつも訓練しているつもりである。

旅から帰って一度も使わないもの、着なかったものがあったら、無駄なものだったのだ。次の旅から、経験を生かして持っていかないこと。わたしは、持っていった洋服は必ず着る。アクセサリーなども必ず使う。使えなかったら、シンプルな旅とは呼べない。無駄なものを持ち歩いた旅となって、くやしいではないか。

化粧品など、ビンの重いものは、軽く小型のものに移し替え、旅の資料も、前もって目を通し、必要最小限に。ガイドブック類は一冊だけ。旅で読みたい本を一冊。

薬だけは量を惜しまぬようにする。その人に合った使い慣れた薬がないと、いざというときに困るからだ。

旅は人生の縮図といわれる。その旅をいかにシンプルに行動し、シンプルにコンパクトに荷造りするか、旅をしてみると、その人の生き方がわかる。いかにさりげなく、シンプルに旅ができるか。旅は持たない暮らしへの試金石なのである。

第四章 ＊ 日本人の美意識を取り戻す

幕内弁当の美学

「幕内弁当の美学」という言葉をご存知だろうか。インダストリアル・デザイナーの栄久庵《えくあん》憲司《けんじ》氏が著書の中で言っていることで、日本の代表的弁当、お馴染みの幕内弁当には、四角い箱の中に日本の美意識が詰まっているというのだ。

日本の四季、日本の自然が空間の中に配置され、一幅の絵をつくっている。こんな弁当はほかの国にはない。日本人は、実用そのものの弁当にも、シンプルな日本の美を入れたのだ。

松花堂弁当も開ける前は、何が入っているか楽しみだ。量や種類ばかり多くて、美しさに欠けるものもあるが、本来は、幕内弁当を少し豪華にしたものであった。自然がとりこまれ、色美しい日本の四季があった。

幕内弁当にしろ、松花堂弁当にしろ、限られた空間の中で、無駄をはぶき簡素に美しく、しかも実用を兼ね備えたものを考えることに、日本人は長けている。四角い箱は、一つの宇宙なのである。

シンプルな美を知りつくした利休

狭い空間を宇宙とみなす考え方は、利休の〝茶〟の心からきている。茶室をみるがいい。四畳半、いや三畳、二畳といった狭い空間を宇宙とみなし、一服の茶をたしなむ。そこでは殿様も武士も町人も、みな平等なのである。茶室に入るときは、刀を前もって預けなければならない。

茶室の中では、無駄がはぶかれる。掛軸、茶器一式、一輪の花だけ、部屋のしつらえも質素である。お茶会というと、茶道を学ぶ人々が、華やかな着物姿で集るけれど、本来、茶室に華やかな着物はそぐわない。シンプルで質素なもののほうが利休の心には合っているはずだ。

茶室は、一つの宇宙なのである。簡素にしつらえ、客人がくつろげるよう、知恵を絞る。自分の美意識が試されるのだ。

有名な、利休の朝顔の茶会。茶室に誘う道や垣にある朝顔が一輪残らず摘みとられ、茶室に入ったとたん、花入れに一輪の朝顔。招かれた人々はため息をついた。一輪の美しさを際立たせるために、利休は、ほかの朝顔をすべて摘んだのである。

ここにこそほんとうの美を愛でる心がある。

朝顔はいまでは市井の花である。豪華でもなく、とりたてていう花でもない。その何気なくシンプルな美しさを知る利休の心づかい。通り道にある朝顔を見てからでは印象が薄れる。だからこそすべて摘んでしまって茶室に入ったとたん、素朴な美しさが目を射る。利休はシンプルな美を知りつくしていた。

これでもかこれでもかと不要な要素を削ぎ落とし、ストイックなまでにシンプルさを追い求めた。究極の美が、朝顔の茶会なのである。

哲学ともいえるその美意識を、わたしたちはいまに生かしているだろうか。

茶道は隆盛ではあるが、女性のお稽古ごとと化し、利休の追い求めた、理想と哲学は忘れられている。形だけのお手前や決まりごとではなく、小宇宙の中では心は自在でなければならぬ。

茶室という小宇宙。その中に美を求めた利休の心をわたしたちは見失ってはいないか。

茶室という宇宙にあそぶ

わたしは少女の頃から既成概念に反発していたので、お稽古ごとはいっさいやらなかった。自分の心が求めていないものをやっても意味がない。したがってお茶もお花も習わなかった。

縁あって『なごみ』という裏千家の雑誌で、「茶の湯紳士録」という対談を受けもつことになった。

茶の心を教えてくださるということで、原美術館の原家に生まれ、いまも美術館の前にお住まいの先生に少し手ほどきをお願いした。順序どおりにやることがわたしは覚えられない。よくわかっていらしたのだろう。先生は、なぜこの順序になり、一つの動作には、どんな意味がこめられているのかを教えてくださった。

利休がいかに美しくシンプルでおいしくたてるかに心をくだき、その結果、一つの様式ができ、後の人々がそれを変化させたかがよくわかった。

その方は決して茶室に入るのに華やかな衣は着ず、いつも渋い結城紬などで茶室の色彩に融けこんでいた。花は庭にある自然の花。そして、茶掛けは、原家に伝わる重要文化財のものがさりげなくかけられている。

お手前など覚えなくとも、いつでも、気が向いたら、「茶室に座りにいらっしゃい」と言われた。日々に追われてうかがえなくなって久しいが、わたしの心の中にはあの空間がある。そこへ身を置いて、心と自在に会話を楽しみたい。シンプルとか簡素ということは、心を自在にもつためのかけがえのない条件なのである。

スローフードは日本の文化

先日、NHK・BS放送の『美味礼讃』という番組のために、「鮒ずし」の取材をした。

鮒ずしは、琵琶湖周辺に残る、なれずしのことである。もともとは各家庭でつくっていたが、原料が手に入らなくなったこともあって、専門店でつくられることが多い。

沖島という島の漁師が湖に出て、ニゴロブナを取る。琵琶湖特産のニゴロブナは、湖に外来の魚が増え、生態系が変わってきて取れなくなった。四月初めの寒い日、漁師の船に乗せてもらったが、朝からの漁で取れたのはたったの十匹ほど。数は取れても、卵を持つ雌は少ないのだ。

専門店に運び、おなかを裂き、内蔵を取って塩を詰める。重石をして水が出たら、一匹ずつ洗って、今度は腹に近江米を詰める。そしてまた重石をして保存すること二〜三年。やっとできあがる。

酸っぱいチーズといった何ともいえぬ味。わたしは「頽廃《たいはい》の味」と呼んでいる。くさくて嫌いだという人もいるが、あまり美味しくないものを食べたからで、わたしの取材した老舗の味は、格別である。酒のつまみによし、茶漬けにすると、味がふくらむ。

ただ原料が手に入りにくいのと、三年の歳月が必要なため、値が高くなる。庶民の手には入りにくく、高級料亭などへおろす程度とか。それもニゴロブナが取れなくなれば姿を消す日が来るかもしれない。

なれずしの歴史は、縄文時代にはじまる。長い歴史を経て、江戸時代に最盛期をむかえ、やがて明治、大正、昭和も戦後、著しく減った。

長い時間をかけ、爛熟し、やがて消えるかもしれぬぎりぎりの味が頽廃の味である。誰にでもは手に入れられぬ孤高の味でもある。

ここには知恵の結集がある。一度に取れる魚を保存するための保存食としてのなれずし。塩を加え、洗った後に米を加えたなれずしは中国にもあるという。

長い年月をかけて、人々は独特の味をつくり出した。これこそ文化だと思う。

ファストフードが大流行である。なれずしはスローフード。取った魚をのせてすぐ食べるファストフードとして江戸時代に登場したのが、いまの生魚をのせて食べる寿司である。「早ずし」と呼ばれた。

寿司はいまでは全世界で知られている一方で、なれずしは姿を消しつつある。手間と時間がかかるからである。

効率化が生んだ時間の無駄づかい

ハンバーガーショップや立ち食いそばなどのファストフードが大流行している。手間もかからず時間もかからず、はぶいた時間を多分有効に他の趣味や文化に費やそう、ということなのだろう。

ファストフードに限らない。いまは手間のかかるもの、時間のかかるものが嫌われる。ともかく能率よく仕上げるためのキカイがさまざま考えられている。

家事にしても電気洗濯機、掃除機は言うに及ばず、簡単に手間を省くものばかり。けれど、かつて手で床を磨き、ガラスを磨いたときのほうが家はピカピカだった気がする。

わたしの家に来てもらっていたお手伝いさんは七十八歳。掃除機をかけても、その後必ず床を手拭きする。どことなく違って清潔になるのは不思議である。

生み出した時間をわたしたちは何に使っただろう。効率化し、便利になれば、趣味や文化的なことに時間が費やせると思っていた。しかし、そこで生み出したものは何だったのか。手のかかる職人芸、わたしたちが長い年月かかって生み出したものまでなくして、結局はユニクロ、コンビニという手軽な文化しか生み出していない。

物がない時代、手間ひまかけてよいもの、美しいものをつくった。その技術も風前の灯である。

ほんとうの文化とは、鮒ずしに代表される人間の知恵の結集だったのではないか。

結局わたしたちは、キカイによって効率化し、生み出した時間を無駄にしている。かつての暮らしのほうが、一筋に生命をかけるシンプルな生き方があったのではないか。

新幹線ができ、飛行機が世界をつなぎ、わたしたちの暮らしは豊かになっただろうか。

いまは出張しても日本中ほとんど日帰りできる。かつては泊まって、その地の風物を見る余裕もあったが、いまは仕事だけして帰ってくる。

次の日は、また会社に行って働く。仕事は増え、かつてよりも忙しくなった。時間が短縮されて生み出された時間ぶん働かねばならぬ。時間が短くなっても、疲れは距離に比例するというから、かえって現代人のストレスはたまっているのだ。

刺子《さしこ》にみる「用の美」

山形にある東北芸術工科大学学長の會田雄亮氏に頼まれて、シンポジウムに出かけたことがある。山形在住で、女子大名誉教授の先生の刺子の蒐集品を大学の会場に展示し、そこで先生とわたし、そして會田さんの三人で話しをする。

出かける前は、刺子の古いものといっても津軽こぎんや庄内刺子、使われ方も野良着など身につけたものだろうとたかをくくっていた。わたしも藍木綿の筒描きなどの古いものを蒐めていて展示をすることもあり、刺子もいくつか買っていたためだ。刺子についていえば、封建時代、庶民に許された布は、麻や木綿、色は藍と白であった。東北の冬は寒い。麻や木綿を少しでも厚く暖かくするために、糸を刺した。びっしりと刺すときに、見た目も美しくさまざまな模様を刺した。津軽こぎんはその典型で、幾何学的美しさは、一級の美術工芸品である。

これぞ用の美。山形などのものもボロ布を重ね、少しでも暖かくするために刺した。やはり今日でも美しい。

わたしは美的感覚で見ていたのだが、実際に刺子は、庶民の知恵と祈りの結晶だということを今回はじめて知った。

刺子はもとは東北にしかなく、いわゆる藍に模様を染めたものはほとんどなかった。貧しさのゆえであるという。

赤ちゃんの古い着物がいくつか展示され、菊の花弁のような刺し子がある。太陽をあらわしているのだという。

封建期の東北の庶民は貧しく、娯楽もなく、中絶法やピルもオギノ式もないから、すぐ子供が生まれる。貧しい上に子供が生まれては食べていけない。そこで〝間引き〟が公然と行われた。

〝びっきつぶし〟。方言で蛙をつぶすという意味だが、実際には赤子を殺すことである。生まれてくる赤子は、母の体内から出て通常二秒間は声を出さないという。その間に押しつぶせば、殺人にはならないと思われていた。母はそうしたことがないよう、赤子が日の目を見るよう思いを込めて、着物に太陽を刺した。

その着物をそばにおいてお産をし、幸運な子は生き延びて、寺に預けられ育てられたという。こういうことが現実に明治になっても続けられていたという事実に、わたしはショックを受けた。

歴史からシンプルの意味を知る

わたしたちが美しいとか面白いといっていた刺子にはさまざまな思いが込められていたのだ。藍染めなどは、専門家の紺屋がやるが、刺子は庶民の女たちが刺したのだ。その思いを知ると、頭が下がる。一枚の布、一本の糸もどのくらい大切にされたか。布は糸に戻るまでボロになっては刺し、ボロになっては刺して最後まで使われた。糸もつないで使い切った。シンプルの原点はここにあるのではないか。

貧しさゆえとはいえ、人々は物の命を最後まで生かしてきた。無駄は何もなかった。

展示品のなかに、不思議な足袋があった。布に刺した指だけのもの、甲だけのものなど。「逃げ足袋」といって、いざとなったら「これは足袋ではない」と逃げるためのものだったという。

封建時代、特に「士農工商」という厳然たる階級があった江戸時代は、庶民は足袋を履いてはいけなかった。冬でも素足である。歌舞伎に登場する庶民は、足袋を履いていない。寒くて耐えられないから、指先、甲だけでもつくって履いた。

「足袋を履いているではないか」と言われたら、「いえ、これは足袋ではありません」と、足の裏を見せる。そこは素足だ。言い逃れをするための必死の逃げ足袋だったのだ。

刺子の雑巾は、最後の行き着く先だったのだろう。小さな布を集めて刺して刺して、また刺してある。

雑巾を刺す。わたしたちの子供の頃は、学校でも家でも教えられた。自分の着るもの、使うものはみな自分でつくる。

「秋の虫は肩刺せ裾刺せと鳴くのよ」

と母が教えてくれたことがある。冬も間近、寒さに耐える支度をしようと、秋の虫が鳴くというのだ。破れたらつぎをあて、それを丈夫にするために、糸で刺す。少しでも見栄えよく模様を考えながら。刺子は単なる手芸ではないのだ。思いを込めて、物の命を大切に使い切る生活の手段だったのだ。捨てるものなど何もない。シンプルにしかなりようがなかった。そのことを知るべきだ。

着物の洗い張りももちろん自分でした。着物が着られなくなるとほどいて洗い、「しんし張り」という細い棒を布に何本もわたしてしわを伸ばして庭に干す。また縫って着る。染め変えては着物はだんだん濃い色になり、何度も息を吹き返した。

そうした知恵をわたしたちは失ってしまった。物がいかにして生まれ、いかにして使われてきたか。歴史を知ることから、ほんとうのシンプルの意味を知る。

伝統を大切にするイギリスの暮らし

早稲田大学教授で、英国文学専攻の出口保夫氏の『英国生活誌』を読んでいたら、英国人は「古いものにこそ価値がある」と考え、十分に美的で、丈夫で長持ちのする生活用具を大切にするとある。わたしもイギリス製の食卓と椅子を使っているが、堅牢であることこの上なく、飽きがこず、何世代も使えそうだ。

服装にしても、同じようなスーツを毎日着て、毎日あれこれ取り替えたり、ネクタイで目移りさせたりしない。絶えず取り替えるのは、紳士の風上にも置けないと見なされるという。

　家の中が新しい製品で埋まっている日本の家庭を見たら、イギリス人はうんざりするだろう。新しいものに価値があるとする見方には無縁だというが、ビートルズに「サー」の称号を与えたり、なかなか懐も深い。

　新しいものを取り入れるときも、全面的に取り替えたりしない。部分的に取り入れて、古いものは残すという。

　バスがそうであり、タクシーやエスカレーター・エレベーターも同じだ。

　ノンフィクションの取材のため、ロンドンとケンブリッジを回ったことがあるが、タクシーは昔変わらぬオースチン、懐かしく、堂々としている。ひとたび行き先を告げると、番地さえわかれば間違うことがない。ぴたりと前につけてくれるプロなのだ。

　わたしは明治時代の外務大臣、陸奥宗光《むつむねみつ》の息子、廣吉《ひろきち》の下宿した先を探し、その後移ったアパートメントを探していたが、明治時代の住所を見せただけで、ヴィクトリア調の家に到着した。家も街も、番地もほとんど変わっていないのだ。一カ月もすると、街のどこかが変わっている日本では考えられないことで、感激した。

彼らは伝統を重んじる豊かな暮らしの中で、新しいものを追わない。ほんとうの快適さは何かを長い歴史の中で知っているからだ。

暮らしに「芯」をもつ

次々と新しい情報を求め、変化しているわたしたちの暮らしには、芯がない。日本では部分的に取り入れるのではなく、全面的に生活そのものが変わってしまうのだ。

ＩＴの時代といえば、全てがそれ一色に塗りつぶされる。手に手に携帯電話を持ってメールを打つために指を動かしている姿は、ほかの国では見られない。

先日、恋人らしい若いカップルが、それぞれ手にしたケータイで会話をしているのを見た。目の前に恋人がいるのに、なぜ肉声で話さないのか。わたしには不思議に思えた。

また、親から一週間ケータイを取り上げられた少女が涙を流しているのをテレビで見て驚いた。

「ケータイがないと友達と話もできないし、メールもできない。もう寂しくて死んだほうがいい」

この極端さがわたしには、危なっかしく思える。自分なりの生き方、考え方はそのままにして、ちょっとメールをやってみる、インターネットで便利な検索を利用する、というふうにいままでのものにプラスするならいいが、そのために生活まですべて変えてしまう。

戦後わたしたち日本人は、自信を喪失したのだろう。もとからある暮らしを全否定して変えること、新しいものを追うことに血眼になってきた。その続きで情報化といわれれば、新しい情報機器を買い求め、すぐ古くなり、新しいものに変える。機器をそろえてマスターすることが情報化なのだと誤解している。それはあくまで手段であって、目的ではない。調べたいものが瞬時にしてわかる検索は役立つし、伝えたいことがあればメールも必要だ。

情報はいくら入ってきても、選び取り、使うのは、自分自身だ。情報に流されないためには、自分が確立されていなければならない。情報に使われず、情報を使いこなす。自分なりの価値基準、判断力が問われている。

根こそぎ変えるのではなく、自分のいままで培ったものの上に、新しいものでで必要なものだけを加えていく。

そうすれば、ゴミも出ない。全部変えて新しいものにするから、どんどん古いものがゴミになる。

イギリス人がＩＴ機器が氾濫し、モデルチェンジによって買い替える生活を見たら何と言うだろう。なんと、チャチな安っぽい暮らしかと思うに違いない。

最新の電気器具やＩＴ機器がそろった家が美しいのだろうか。わたしは逆だと思う。長い間人間の手や目に触れ、生き残ったものほど美しい。
自分にとって必要か必要でないかを決めるのは、自分自身の美学である。
言葉を換えれば、自分自身の生き方である。

第五章 ＊ なぜシンプルに生きられないのか

ブランド好きは個性のない証拠

アメリカの友人が、日本では考えられないものがはやると言う。一つ目がブランド品。二つ目がバレンタインデーのチョコレート。三つ目が紙袋である。

一つ目のブランド品は、老いも若きも有名ブランドなら買い漁り、みんなが同じものを着て、同じバッグを持つ。人と同じものを身につけることは、その人に個性がないかの象徴で恥ずべきことなのに、日本では、人に遅れる、人と同じでないことが恥ずかしいという感覚がある。「自分」がないから人が気になる。同じことをしていないと不安になる。欧米では、自分でものを考えたり選んだりできない人は認められない。恥ずべきことなのだ。

日本人がパリやニューヨークに出かけて、ブランド品の店に鈴なりになることはつとに有名だが、いいカモには違いないから、心の底ではバカにしつつすすめる。日本の中にも世界各国のブランド品の店は軒を並べ、デパートの中にもそろっている。

欧米では、四十、五十といった大人の女性たちが、ほんとうにいいものをと、自分に合ったものを買おうとするが、日本では若い女性が、ブランド品に血眼になっている。若いうちはブランドなどに縛られず、冒険をたくさんして、自分に合うものを求め、その上で素適な大人の女性になっていく。自分の好みをつくっていくべきなのに、最初からブランドに頼るようでは、おしゃれは上達しない。年をとったら、みんなで、そろって〝おばさんカラーになるだけだ。

わたしは若い頃から、人と同じものを着ない、持たないをモットーにしてきた。必ず人と違うものを探す。バッグなど、いかにいいといわれるブランド品でも、友達が持っていたら東京中駆け回ってでも違うものを探す。

そうしなければ、わたしの個性がなくなってしまう。多少変わり者といわれても、自分を貫かないと、気がついたときは他人が価値の基準となり、自分の価値観を失ってしまう。若いときに安いもので冒険し、試行錯誤を繰り返しながら、自分らしさをつくりあげていくことが大切なのだ。どんな価値観をもつことができるかが、その人の値打ちである。

バレンタインチョコの無駄

二番目は、バレンタインデーのチョコレート。聖バレンタインに由来するその日を、日本人はチョコレートの日に変身させた。

聖バレンタインのことなど何も知らず、チョコレートだけがいたずらに行き交う。誰が考えたのか、宣伝としては大成功で、いまでは、年中行事になってしまった。わたしの昔の恋人は、まさにその日に生まれていたので、絶対にチョコレートだけは贈るまいと、心に決めていた。

なぜ日本人とチョコレートなのか。戦争直後にさかのぼるというのが、わたしの説である。

敗戦によって、極度の物不足になった日本では、食べる物にも困り、子どもたちは進駐軍というアメリカ兵たちの後をついてまわって、「ギブミー・チョコレート、ギブミー・チョコレート」と手を差し出した。物の溢れるいまの時代では信じがたいことだろうが、いまも開発途上国で見られる光景が、日本のあちこちで見られたのである。誰もかれも、生きるのに精一杯だった。

物あまりの時代にあって、チョコレートの種類も多数ある。外国品から手づくりの生チョコまでたくさんのもののなかから、義理チョコも含めてその時期にはチョコレートは飛ぶように売れる。

知人のなかには、管理人や出入りの洗濯屋さんにもあげる人がいる。悪い気はしないだろうが、あげた人とあげない人との差ができる。物をあげることで何かを期待する気持ちは、些細なことから日本人のなかに蔓延し、国会議員などの汚職にもつながっていく。

つれあいなども、その日には仕事がら義理チョコをもらってくるが、食べないでそのままになっている。無駄なことこの上ない。

バッグ代わりの紙袋はみっともない

三番目は紙袋である。なぜ日本人は猫も杓子も紙袋を持って歩くのか。ほとんどが企業や店の袋だからみんなして「宣伝」を買って歩いているようで、みっともないとアメリカの友人は言う。

欧米ではきちんと自分の鞄を持ってそこに荷物を入れるのに、日本人は何でもかんでも紙袋ですまそうとする。鞄なら一つあればすむけれど、紙袋はたまる一方。毎日のスーパーをはじめ紙袋をもらうのが当然と思っている。資源の無駄づかいもはなはだしく、たまった紙袋はまとめて捨てられる運命にある。

無駄な包装はいくらかけ声をかけても減らず、ゴミは増えるばかり。買い物には自分の袋や鞄を持っていこう。ドレスアップしても紙袋片手じゃみっともないではないか。

自分に緊張感をもて

電車の中で化粧をする女性がいる。さまざまな化粧品と小道具が入っている化粧箱を抱えている。鏡に向かって真剣な目つきでアイライナーを引き、まつげをビューラーでそらせ、マスカラを何度も何度もつける。

なぜわざわざ人目のあるなかで化粧をするのだろうか。家でしてくればいいのに、揺れる電車の中でする。時間がなかったとは思えない。昼間にやっているのだから。

わたしなどハンドバッグのなかには、化粧直し用のコンパクトと口紅しか入っていないのに、こんなにたくさんの道具や色をどこに使うつもりなのだろうか。

人目のなかで化粧する快感に酔っているとしか思えない。人が見つめてくれる。そのための確信犯なのか。確信犯に恥ずかしさなどあろうはずもない。

女性だけではない。電車の中で化粧をする男性もいるそうだ。これも人に見てもらいたい自己陶酔か。

恋人らしい若い男女が乗ってきた。女が化粧を始め、男がそれをのぞきこんでいる。時々二人は話しながら笑っている。彼らには、他の人々の目がまったく気にならない。もし彼女たちが電車の乗客で、見知らぬ若い女性が化粧をはじめたらどう思うだろう。決して美しいとは思わないだろうし、真剣な目つきが滑稽にさえ見えるかもしれない。

自分が乗客の立場だったら、という視点がまったく欠けている。もし他人の立場を想像できれば、おのずとわかるはずだ。一人でいるプライベートな空間なら何をしてもいいが、他の人たちとともにいる場面で大切なのは想像力である。

「人のふり見てわがふり直せ」

と言うが、人のやることを見て恥ずかしいと思うこと、迷惑なことは自分はしない。自分に陶酔すると、自分を客観的に見ることを忘れがちだが、チェックを怠らぬようにしたい。

客観的に見れば、電車の中で化粧をするのは美しいとは言えないし、髪などとかれては迷惑である。

美しいということは客観性をもつということだ。自分を客観的に見て、緊張感をもつこと。電車の中で化粧をする女は自分しか見えていないから、だらけきっている。緊張感はなく、化粧することだけに浸ってほかが見えない。

同様に安心しきってプライベートを押し出してくるのが家族連れだ。夫婦や片親と子供という構図はまだ緊張感があるが、両親と子供連れとなると怖いものなしだ。安心しきって家族しか見えていないから、傍目にはだらけて見える。緊張感が足りないのだ。これも傍からどう見えるかという想像力の欠如のなせるわざである。

連なって大声でしゃべるおばさんたち。一人ならやらないことが、団体になると平気で安心しきっている。ほかが見えない。最近は女より男の連なりがひどい。

先日、エスニック料理店で数人の男たちが酔って大声でわめき、ほかの客は話もできなかった。ホテルのパーティーで出会った男の団体のかしましく、品のないこと。まったくいま自分のいる場所が見えていない。

こんな人たちに、「シンプル」とか「簡素」といっても通じないだろう。自分を見つめるということがないのだから。その恥知らず、傍若無人ぶりは恐るべきものがある。

自分の心を映す鏡をもつ

それは「個」ともつながってくる。

連なって同じ仲間といる安心感が生む結果。「個」のない人々が連なるとこうなる。シンプルな一人の人間、独りに戻ることのできる人なら何人集まろうとうるさくはならない。

老いも若きもどうしてこうだらしなくなってしまったのだろうか。毅然とできないものだろうか。

そのなかで暮らし、うっかりしていると、自分も引きずられている場合がある。

いつも自分に戻ること。自分を振り返ることを忘れてはならない。いま自分の言っていること、していることを自分がしっかり把握しておかねばならない。

自分の姿を鏡に映してみること。「人のふり見てわがふり直せ」は他人を鏡にすることだが、鏡に自分を映して自分を見るのもいい。

仲間うちだけで大声でしゃべっているのをもし鏡に映したらどうだろう。

わが家では、リビングの片側の壁に大きめの鏡を張っている。食事をするとき、料理を運ぶとき、いやでも自分の姿が目に入って、気をつける。姿勢もよくなる。

実際の鏡のほかに、自分の心を映す鏡ももっていたい。

情報に惑わされない「個」をもつ

「情報化社会」という言葉が使われて久しい。最初に使われだしたのは、三十年近く前だろうか。その頃はまだ、「情報化」であり、情報とは、テレビ、ラジオ、新聞などのマスメディアであった。

情報化の「化」がとれて情報社会のただ中に投げ込まれ、二十一世紀はIT（情報技術）革命によって大きく変わるといわれる。今度はマスメディアが提供するだけでなく、欲しい情報を、個人が自由に入手することができる。

わたしはパソコンは持ってはいるが、使いこなすにはほど遠い。ホームページなるものもない。それなのに、インターネットでわたしの名を引けば、わたしに関するさまざまな情報が得られる。著書や略歴は言うに及ばず、クラシックバレエを四八歳から始めただの、歌が好きで、シャンソンやオペラのアリアに挑戦していること、わたしの出演したテレビ番組まで調べることができる。

頼んだわけでもないのに、個人情報が誰でも得られる。いままでは、大宅壮一文庫にでも出かけて調べなければならなかったのに、誰でも家にいて知ることができる。便利だが、気味悪くもある。

わたしが提供したり、取材されたわけでもなく、わたし自身が知らないうちに、誰にでもその気になれば知られてしまう。

確かにインターネットは、情報を得るのに便利だ。いながらにしてあらゆることが調べられる。

しかし、と考える。こんなに簡単に情報が得られていいのか。国や公のものについては、情報公開すべきものは多いが、個人情報についてはどうかと思ってしまう。

その前に、ＩＴ革命などといわれて、機器を使いこなせず、時代からおいていかれるのではないかと漠然とした恐怖を感じている人も多いだろう。ＩＴは、何のためにあるのか、必要なのか。目的を忘れて手段だけに踊らされていないか。

わたし自身、パソコンを買うについても、買うと決めてから、実にさまざまな機種が出ていて迷った。使っている人たちに聞いてみるが、人それぞれですすめるものが違う。内蔵するソフトの違いもある。年々歳々新しいものが出てきて、あっという間に古くなる。どこかで決断せねばと、結局、ソニーのノートパソコンにした。移動が多いので持ち歩きできるノート型。なぜソニーかといえば、画像がきれいだからである。使っていて楽しくなければ、目に優しくなければと考えたのだ。

これも来年には新型が出て古くなるだろう。どんどん簡略化されてシンプルなものになっていくかといえば、逆で、だんだんさまざまな機能をもつ、ややこしいものになっていくようだ。結局、その人その人の必要性に応じて選ぶしかない。わたしの場合はもの書きなので、検索用のインターネットと、原稿を書くという目的にかなったものがいい。

ほんとうは紙と鉛筆と自分の頭と手さえあれば、どこでもできる手書きがいちばんシンプルで早いのだが、最近はそうも言っていられない。受け入れ側が、手書きを喜ばなくなった。データで送ってほしいといってくる。仕事にならないとなれば問題だ。

同じもの書きの中でも早々とパソコンに切り換えた人もいれば、いまも手書きにこだわり続ける人もいる。わたしの場合、つきあう編集者も若手が多く、そうすると手書きとばかりいっていられない。中途半端だと思いながら、心進まぬままにパソコンをいじりはじめた。

ワープロ専門だった人も、肝心のワープロ製造停止という話も聞こえてきて、パソコンに切り換えざるを得ない。

手書きとパソコン（ワープロでも同じだが）では、文体が変わるという人もいて、一度パソコンにしてみたが、手書きに戻したとか試行錯誤が続いている。

機器の普及のほうが先で、それによって自分の行動を決められるのは、はなはだ不愉快だが、使うのは人間だということを忘れたくはない。自分自身があって、そのために必要な情報を得、思考を組み立てていく。人間が主なのだということ。

情報が氾濫する時代だからこそ、個をきちんと持たねばならない。

情報を選ぶのは誰か。人間であり自分自身だ。自分の目のない人、自分の思考のない人がどうやって情報を選択することができるだろうか。

それがない人は、情報が多くなればなるほど混乱する。あれもいい、これも正しいと引きずり回されて、惨めである。

情報のどれが自分にとって必要で、どれが正しいのかを判断する目こそ求められる。

こうした時代にあっては、個の確立こそ大切なのだ。

どれを取り、どれを切り捨てるのか、その基準は結局自分だということを忘れてはならない。

それでなければ大洪水にのみこまれて、あっぷあっぷしながら一生を送ることになる。

大切なのは、情報に惑わされぬ、シンプルな自分自身である。

「自分」をもてば迷わない

情報が交錯している。テレビ、ラジオ、新聞、雑誌といういままでの媒体の上にケータイ・パソコンなど新しいメディアの参加もあって、便利にはなったが、その分、情報の氾濫で、引きずり回される。

シンプルに考え、シンプルに生きたいと願っても、状況がそれを許してくれない。網の目のように張りめぐらされた情報のなかで、どうやってシンプルに考えるか。こんがらがった糸をどうやって解きほぐすか。考えただけで頭が痛くなる。

では情報にわずらわされない方法はないのか。何を基準に考えたらいいのか。

答えは一つ。「自分をもつ」ことである。いかに情報が多くなろうと、わずらわしかろうと、選ぶのは自分だということを忘れてはならない。自分が情報を使うのであって、情報に自分が使われては、本末転倒である。人間がまずいる。情報はそのためのものなのだ。

人間がそこにいないから、引きずり回される。どんな場合でも、厳然と自分がいれば、間違いはない。

その自分をどうやってつくりあげていけばいいのか。自分の生き方にかかわってくる。

日頃から人の話に耳を傾けることは大切だが、決断は自分ですること。あれがはやっているから買うのではなく、自分が欲しいから買う。友達がやっているからやるのではなく、自分がやりたければやる。やりたくなければやらない。

一つの方法として、人と同じことはしない。必ず違うことをすると考えておいてもいい。友達が買ったものと同じものは買わない。必ず違うものを買う。他人の意見にしたがうのではなく、自分の意見をもつ。万一同感と思う場合には「同感」と言った後で、そのことを自分なりに解釈して、違う表現をして言ってみる。主語は「夫」や「子供」や「友達」ではなく、「自分」にする。

「わたしは……」と始めれば自分の考えを言わざるを得ない。

そうやって自分で考え、自分で決めればその結果がどうなろうと納得がいく。自分で責任をとらざるを得ない。いつも人の考えにしたがっていると、自分で決断せず、自分で責任をとらず、一生人のせいにして生きてしまう。

自分で考え、自分で決断する

最近、ショックな出来事があった。

つれあいの教え子であり、わたしが以前勤めたＮＨＫの記者になった女性が、やめて演劇の道に進む決心をした。入局して四年、仕事も順調だし、頭もよく才能もあるのだが、それだけにほんとうに自分のやりたいことは何かと悩んだようだ。演劇の研究生に応募した段階で相談を受けたが、本人の心の内は決まっていたのだろう。

幾多の難関を突破して入ったことと、仕事の安定性を考えると、わたしは「もう少し考えてみたら」としか言えなかった。演劇で生活することはたいへんなことだ。心のなかでは賭けてみたい彼女の勇気に押されながら、口では常識的な大人の意見しか言えない自分が歯がゆかった。

やりたければやってみればいい。その結果うまくいこうが、うまくいかなかろうが、その責任は自分でとる。それくらいの覚悟はあるだろう。ずっと彼女の言うことや考え方を見てきて、この人ならやるかもしれない。やれなくとも自分で先を考えて道を拓いてゆくだろうと思ったのだ。

単なる憧れや夢ではなく、彼女には自信と決断がある。自分自身で考えて出した答えだ。積極性も明るさもある。飛んでみればいい。研修生には無事受かった。

安定性の必要を説いていた自分がイヤになった。知らぬ間に、わたしも守りの体制に入っていた。

彼女の行動は、わたしの目を覚ました。ショックだった。わたしも勇気をもって最後の賭けに出てみよう。

わたし自身、ＮＨＫは九年で辞めている。ほんとうは、その二年前に辞めるつもりだった。自分では決断していたのだ。いまがそのときと思っていたのに、わたしは飛ばなかった。理由は、当時の恋人の言葉にある。彼は賛成ではなかったのだ。わたしはその人に惚れていた。

わたしの人生でたった一度、人の意見にしたがったのだった。いまでもわたしの胸の奥底には、その思いがくすぶっている。なぜ自分の心に忠実に決断しなかったのか。内心忸怩《じくじ》たる思いを引きずり、二年後にやめたが、そのときすでに太陽はわたしの上から遠ざかり、仕事も恋も失う結果になった。

それ以来、わたしはどんなことがあっても、自分で選び、後悔はしない人生を送ろうと思っている。

久々に、若い彼女の考え方と決断に、刺激を受け、わが身を振り返った。

複雑になりすぎた世の中

小泉改革のメインは構造改革だった。橋本内閣をはじめ、その旗印に構造改革を掲げた内閣は多い。省庁再編もその一つ。省庁の数は減ったが、人の数は減っていないとか。掛け声だけでは実現はむずかしい。

官庁の天下り先であり、既得の利益を守ろうという壁を突き破れるかどうか。社会体制のムダを切ることが出来るかどうか。社会の組織が意味なくふくらみすぎてしまった今、それを切ってややこしいものをなくし、すっきりさせなければいけない。

言葉を換えれば、わかりやすくシンプルにすることだ。

経済についても同じこと。不良債権処理は、バブル期にふくれあがったつけをいかにスリムにできるかということだろう。

十二月や二、三月になると意味もなく道路が掘り返される。前年度の予算を使い切らないと次年度の予算がもらえないからだという。なんという無駄。次年度に余ったぶんを持ち越すことができないのか。庶民の神経ではわからない。

長良川の河口堰や吉野川の堰は必要なのか。

特に諫早干拓地の膨大な無駄。戦後間もなく食糧難の時代に埋め立てて農地をという計画がいまも生きているというから呆れる。時代に合わないものをつくって、干潟に住む多くの生き物を殺し、生態系を狂わせ、我々の暮らしを圧迫する。いいところなどまるでないのに、手を広げた計画だけは遂行される。

わたしも諫早に行ってみたが、例のギロチンの落ちた後の広大な壁は万里の長城のごとく、潮が入らなくなった地には、苦し紛れに這いあがった貝類の白い死骸が累々と続いている。シオマネキやムツゴロウは土色にひからびて遠目にはそれとわからない。

アウシュビッツを思わせる光景は、人類の未来。わたしたちの行く末を暗示している。こんな馬鹿げたしくみを考えたのも人間なのだ。天に唾すれば自らに戻る。人間のしたことは人間に戻ってくるのだ。

すべてをシンプルに転換するときがやってきた

産業革命以来、わたしたちの暮らしは便利、儲かるなどの経済効率一辺倒に動いてきて、新しいものが次々と登場し、物が溢れ、世の中のしくみは、これでもかこれでもかと複雑になった。

経済のしくみも、生産者から消費者に至るまで、問屋や商社やらが介在し、値段はその都度上がっていく。

ユニクロやコンビニの普及は、マージンを省いて、いかに安く一定のモデルを提供できるかでうまくいっている例であり、複雑になりすぎた経済機構に対して、よくも悪くも一石を投じたものである。

デパートの倒産などは、大きくなりすぎ、手を広げすぎた末の姿だろう。これからは、特色のある小売店の時代だと思う。

わたしは東京都心の広尾に住んでいるが、生鮮食料品の野菜は商店街の八百屋。魚は西麻布の魚屋。自分の気に入った店で買うのがほとんどだ。スーパーで買うより、売る人の顔が見え、言葉を交わすことで親しくもなり、情報交換もできる。一言もしゃべらず、一斉にレジで計算というのは、つくった人や運んだ人の顔も見えないので好きではない。ただし同じスーパーでも、従業員や品揃えを見ればそれぞれの店の営業方針が自ずと知れ、立ち寄るところは決まってくる。

銀座や原宿などにエルメスやグッチ、ブルガリやアルマーニなどいわゆるフランスやイタリーのブランドが大店舗をかまえた。日本にいる顧客をより多くつかまえるべく考えられたのだろうか。こうしたブランドものは、ほかにないからいいのであって、みんなが持っていては意味がないと思えるのだが。

日常生活もファックスが入り、パソコンが入り、便利になったかもしれないが、複雑になった。しかも新しいものがどんどんできてくる。

情報は使いやすくなったが、そのぶん情報に振り回され、キカイに追われ、人並みにそれが手に入らないとストレスになる。ケータイなど、のべつまくなしに使っていて、普通の電話よりはるかにお金がかかるはずなのに、他の部分で切り詰めているのだろうか。

わたしの予測だが、二十世紀はふくらむだけふくらみきった時代、二十一世紀から先は整理し、切って持たない暮らしにしなければ人間は生きていけない。

地球環境をとりまくさまざまな問題、温暖化をはじめ、人間が手を下して悪化させた問題をみんなで力を合わせて取り戻すしかない。

ある地球学者が言った。

「このままでは地球上の生き物はいつか滅亡する。その日を一日でも遅らせることができるか否かに知恵を集めることだけがいまできることだ」と。

第六章

＊

シンプルを貫き、すっきり死にたい

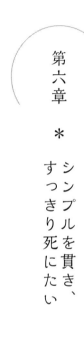

「不良老年」になろう

人づきあいの上手なほうではなかった。小学生の頃、胸を悪くして（肺門リンパ腺炎）、二年間、家で寝ていて休学した。その間、同じくらいの歳の子と遊ぶことはなかった。ちょうど敗戦にかかる年で、都会の子はみんな疎開していたので、勉強もあまりしなかったためか、先生はわたしにも遅れず進級していいと言った。

困ったのは人づきあいである。同じ歳くらいの友達とのつきあい方を忘れてしまった。まわりにいたのは大人ばかりだったのだ。

友達に交じることができず、疎外感がいつもあった。表面的には、一緒に行動していても心はほかにある。友達と交わることを熱望しながら、うまくいかなかった。

そんなわたしなのに、五十歳を過ぎたあたりから急に友達が増えてきた。

普通は歳をとると減るというのに、なぜなのだろうかと考えてみた。多分わたしが自由になったからだろう。若い頃は、結構つっぱっていたり、鎧を着ていたから人が近づきにくかったかもしれない。人づきあいがうまくないと知っているために、余分に人を意識する。意識すればぎこちなくなり、相手に伝わる。自然になれなかったのだ。

それが鎧を脱ぎ、必要以上につっぱることもなくなったら自由になった。

数年前、『不良老年のすすめ』（集英社文庫）という本を出したら、すぐ五、六刷になった。それだけ人々が不良になりたがっている証拠だと思った。「不良」とは、型や枠にはまらず、自由であること。体制派ではなく、アウトローであることだ。

社会の枠内で暮らさざるを得ないときは、不良になりたいと思っていてもなり切れない。仕事、家庭、自分を縛るものはいくつもある。だが定年になり、仕事に縛られることもなく、子供への義務も果たしたあとは、思い切って自由に不良になろう。もはやなにも縛るものはないのだ。義理でつきあう必要もなく、ほんとうに心うちとける友達。自分にとって刺激になる人とつきあおう。人づきあいはシンプルになる。

不愉快な人や、連なっているだけのつきあいはやめよう。歳をとって寂しくなるからと、無理に人の中に入ると、疲れてストレスがたまるし、みんなでゲートボール、という世界になりがちだ。ゲートボールは同好の士だけで集まればいい。いやなところに顔を出す必要はない。パーティなども行きたいものだけにして、多少不義理をしてもかまわない。逆にすべてのパーティに顔を出し、昔の威光をかさに着てみたり、夫や子どもの自慢をするなどあまりに寂しすぎる。

「わたし」で勝負する

歳をとったら、地位や肩書きは取り去って、本来の自分に戻ってつきあいたい。名刺の肩書きなど無理につける必要はない。名前があれば十分。わたしの名刺など、名前と住所しか書いていない。それでつきあいたくなければつきあっていただかなくて結構。肩書きでつきあおうという人はろくな人ではない。利害関係でつきあうだけの人なのである。

仕事がら、ずいぶんたくさんの人と会ってきたが、仕事上のことが個人的なつきあいにつながった例は数えるほどしかない。いまもつきあえる人は、価値観が似ていて、利害を超えたところでつきあってきた人だ。

遊びの場でのつきあいは、鳥見の会、ある名優をかこむ会、黒川能をはじめ、さまざまな催し、土地へ旅を共にする人……。考えてみればみな不良である。遊び心を大事にしている。一緒にいるとのびやかになれる人たちだ。一緒にいて窮屈な人とはいたくない。

自分が心を開いていれば、いくつになっても友達はできる。「去るものは追わず、来るものは拒まず」である。

せっかく信頼していた友達なのに、わたしのもとから遠のいていく。一瞬誰でも寂しさを覚えるが追ってみてもはじまらない。

不思議なことに、向こうからやいのやいのと言って近づいて来る人ほど、ある日ぷいっと背を向ける。親しさの押し売りはろくなことはない。

わたしも二、三人そうした人に出会ったことがある。勝手に近づいてきて夜も日もあげず、わたしのために役に立とうとして、何の原因もなくある日いなくなる。こっちはあっけにとられるが、わたしに利用価値がなくなったと思うからなのだろう。

聞いてみると、そういうたぐいの人は、ある人に熱中して、ぷいっといなくなり、また次の利用対象に向かう。同じ目にあった人は何人もいる。

利用することが目的の友達は悲しい。そういう人は一生ほんとうの友達はできないだろう。

人づきあいはべったりはよくない。べったりした人に限って、手のひらを返したようになる。お互いに個を認め合い、孤独であることを許容したうえでつきあう。つきあい方もシンプルなのがいい。困ったときや病気のときは助け合い、支えになりたいが、それ以外は、できるだけさりげないほうがいい。

かといって、ある程度努力しなければ、人づきあいはうまくいかない。大事な人とは、時折の電話、手紙、相手を気づかう気持ちと、会う機会をつくること。今度とお化けは出たためしがない。「今度、今度」と言っているのではなく、機会をつくる。「自分が、自分が」では人づきあいはうまくいかない。

大切な人とのつきあい方

春は、筍を食べに京都へ行く。朝掘り筍の産地として名高い、長岡京に信頼する友人がいる。夫妻とも、以前からわたしの友人だ。夫のほうは、わたしがまだテレビの仕事を中心にしていた頃の仕事上の友人で、大阪までその人の担当するレギュラー番組に出るために通っていた。妻のほうは、島根県は松江の人で、三十年以上前、仕事で島根に行って知り合った。当時は未亡人で小さい子を二人抱え、健気に生きていた美しい人で、その心遣いの細かさに脱帽した。以来、ずっと妹のように親しくしている。

偶然、島根が同郷だったわたしの仕事上の友人と結ばれて、いま竹林に囲まれて住む。塀の向こうは東も南も手入れの行き届いた竹林。手を伸ばして塀越しにおじさんから朝掘り筍を買うことができる。

毎年筍のシーズンになると、筍好きのつれあいはそわそわし始める。連絡をとり、日を決めて長岡京へ行く。その家に泊まって夜は筍の刺し身に始まり、筍づくし。竹林の散策にも出かける……。

夫妻は自分でも筍掘りに挑戦するようになった。ボランティアとして人手のない竹林を借り受け、整備して筍を採りはじめたのだ。今年は、わたしが仕事で大阪に行っている間に、つれあいも筍掘りに参加し、見事に大きなのを三、四本持ち帰った。

二人ともわたしの友人なのだが、いまではつれあいもすっかり溶け込んで自分の友達のような顔をしている。

妻である女性は、わたしにとっては数少ない信頼のおける人で、いつどこでも変わらない。筍をはじめ、わたしの蒐集品である藍木綿の筒描きの展覧会を各地でするときも、いっしょに行ってもらうし、母の葬儀のときも手伝ってもらった。一年に一回の筍もそうだが、わたしが関西に行くときは、可能な限り会うようにしている。彼女の心遣いの何分の一かではあるが、わたしもできることはしたいと思っている。

「去るものは日々に疎し」というけれど、この人と思ったら、会うチャンスをつくること。自分から遊ぶことでも仕事でも考え出すことだ。

よき友人をつくるための楽しい努力

わたしたちが惚れて通う場所がある。山形県の庄内地方、鶴岡市郊外にある松ヶ岡である。わたしたちというのは、わたしとつれあい、それに轡田隆史氏をはじめとする元朝日新聞の三人組である。

松ヶ岡開墾場に残る明治期の大蚕室。かつての鶴岡城の赤瓦をいただき、十棟のうちいまは五棟が残る。最初に筒描きの展覧会をしたのがここで、里帰りをしたように大のれんや祝布団がぴったりだった。

窓の向こうに菜の花と桃畑。彼方に雪をいただく月山が夢のようだった。かつての庄内藩主酒井家の方々と知り合い、大殿や若殿夫婦の人柄に打ち解け、すっかり親しくなった。

わたしの好きな場所には、わかってくれる友人を連れていきたい。轡田さんが惚れ込み、その後輩二人も連れ立って松ヶ岡へ行くようになった。二月一日に黒川能に行くのも恒例だ。四月に花見もした。

松ヶ岡の蚕室の前に桜の古木の並木がある。たわわにびっしりと花をつけた枝を眺め、池のある陣屋裏山の桜の下にござを敷き、花見団子やたこ焼きなどなど。若夫婦の心遣いだ。大殿もお嬢さんも参加する。酒もすすみ、こういう一瞬をもてたことに感謝したい気持ちだ。寺のしだれ桜も、風もなく見頃だった。

遊ぶことは真剣にやる。ほんとうに好きな人々とともに美しいものを愛でる。そのためには、多少忙しくとも、無理をしようと出かけていく。惚れて通うには、それくらいの覚悟が必要である。

「お花見の次は、今度は秋のダリアかナ」

もう次の予定を考えている。よき知人、友人をつくるには、お互いの努力が必要だ。

わたしには、全国数カ所に会いたい人がいる。旅好きで出かけた先で知り合ったのだが、いまではその人に会いたいために出かけていく。

不思議なもので、そういう人がいると、そこに出かける機会が増えてくる。向こうが東京へ来れば必ず会うし、わたしが近くに行けば会いに来てくれる。

ややこしい親類づきあいや、義理のからんだつきあいではない。

ほんとうに気心を知った、心許せる人と会うのは嬉しい。つかず離れずのつきあいをモットーとしているわたしだが、この人と思ったら、とことん親しくなる。

利害関係や義理しがらみのない友人、知人は数少なくともわたしの自慢だ。

必要以上には立ち入らず、それでいて相手を思いやる間柄をいつまでも続けていきたいと思っている。

率直な言葉は人を信頼させる

小泉首相がなぜ最初あれほどの支持を得たのか。理由の一つに、話し方がある。シンプルではっきりと、わかりやすい言葉でものを言う。

それまでの政治家の話し方ときたら、永田町でしか通用しないものが多かった。特に自民党の人々の言葉は、国民に向けて語られるのではなく、永田町の仲間に向けて語られていた気がする。したがってわかりにくく、言葉尻をとらえられないように、あいまいで密室政治を生む土壌ともなっていた。

小泉さんの言葉の特徴が端的にあらわれたのは、貴乃花が負傷にめげず優勝したとき、自ら土俵に上がり、

「よくやった！」「感動した！」「おめでとう」と言った。

短く言葉を切り、わかりやすい言葉をつなげる。

「構造改革なくして、景気回復なし」

というのもその一つである。

国民は端的なキャッチフレーズに新鮮さを感じた。やってくれるに違いない、という期待が小泉政権を支えた。最後まで人気のもとは内容よりも言葉にあった。


当時、渦中の人となった辻元清美さん。実にはっきりと胸のすく発言をしてくれた。国民の多くは、その発言でどんなに溜飲を下げただろう。ただ、マスコミや大向こう受けを狙うあまり、言葉が走りすぎた。きっと正直だったのだ。正義の味方になりすぎたのかもしれない。

わたしは途中から「危ないナ」とちょっとした危惧をもったが、不幸にも当たってしまった。マスコミというのは、祭りあげておいて、叩くときは容赦がない。メディアの恐ろしさをまだ辻元さんは知らなかったのだろう。

言葉はその人をあらわす。くどくどとまわりくどかったり、言い訳がましかったりは醜い。よく考えて、ズバッと率直に言葉を選んで話せればいいのだが、得てして足をとられる。

自分の言葉に酔ってヒトラーのような演説になることもあれば、率直にはっきりものを言って人を傷つけることもある。

わたしは余分な思惑を考えず、自分に忠実にと心がけているが、言葉を選ぶのはむずかしい。話す前に一度頭の中で考え、心で反芻してみてから口に出す。余分なことは言わない。お世辞や媚びは売らない。これしかない。

電話がかかってきて、こちらの都合も確かめず一時間も喋りまくる人は自分のことしか考えていない。

一見ソフトだが、あの手この手でしつこく説明し食い下がる人。サギ師といわれる人はだいたいよく喋る。テレビに映るその顔を見ていると、なぜだまされる人がいるのかわからないほど、胡散臭い。

見る目さえ養っておけば、その人の話し方と言葉でだいたいの見当はつく。

人間関係や他人との話は、さりげなく必要以上に立ち入らない。来るものは拒まず、去るものは追わず。心すべきは、自分の言葉で人に迷惑をかけないことである。

「林住期」が始まろうとしている

軽井沢に、小さな建て増しを考えた。冬もそこで過ごす日を増やすためである。いまある建物は、夏向きにできており、開放的で、リビングは吹き抜け、いくら暖房しても追いつかない。

軽井沢は寒冷地である。標高九〇〇〜一〇〇〇メートル、真冬には零下一五度になる。そこで過ごすには、冬の家が必要だ。前にも書いたが、偶然手に入れたのは建築家の吉村順三氏がカニングハムという外国人女性のためにつくったもの。木造の二十四坪あまりの簡素な家である。

軽井沢の山荘というと、大きくて豪華なものを考える人もいるが、実に簡素で小さな木造である。

軽井沢という避暑地の特徴は、業者が開いたものではなく、外国人宣教師が開いたことだ。最初の別荘といわれるショーハウスは現存し、木造の実に簡素なつくりである。

わたしのいる旧軽井沢の愛宕《あたご》には、いまも外国人宣教師の古い館が点在するが、杉皮や桜皮でふいた外壁、ストーブの土管型の煙突、赤い提灯のゆれる広々としたテラスなどが残っている。軽井沢高原文庫に行ったことのある人は、堀辰雄の山荘が移築されているのを見るだろう。

二間～三間のごく小さな家である。奇をてらうこともなく、林の中に融けこむ外観である。こうした家はシンプルだからこそ美しい。成金の会社が建てた寮などがあると、金はかかっているのだろうが、違和感があり、邪魔である。わたしのところは、牧場の柵のような簡単な囲いで、どこからがわたしの家でどこからが自然の林なのかわからない。入口には苔むした大きな石づくりのカメがある。ここに水をためて日用水に役立てていたらしく、いまも残されている。

　高台なので、軽井沢駅が見渡せるほど開けていたらしい。駅まで歩いて三〇分の距離、必要最小限のものしかない。電車の音が夜など昇ってくる。いまは木がうっそうと茂っている。木を切りたくはないが、建て増しのためには、仕方がない。切ったものは庭の腰掛けや薪に使う。無駄なものは何もない。

　建て増しした部分は、吉村順三氏の弟子である中村好文氏に頼んだ。簡素で快適な小住宅を得意とする人である。以前、大木の上に友人とともに家を造り、そこで過ごしていた。坪数は一七坪ほど、必要最小限、冬を過ごせればいい。母屋は冬は閉めてしまうつもりだ。

　雪は少ないのだが、たまに降ると雪かきも自分でせねばならない。友人や知人の話によると、軽井沢が一番いいのは冬だという。観光客もいず、静けさを取り戻す。雪の上に点々とつく足跡はタヌキかキツネか、テンか……。

　秋から冬に向かうとき、山の別荘の庭でカモシカに会った。最初剥製かと思ったら、目が動いた。熊もいる。つれあいは後ろ姿を見たという。小型の月の輪熊で、餌を求めて下ってくることがある。山は奥まで開発され、下界に生ゴミのあることを知って来るのだろうか。軽井沢では熊を殺さない。発見したら麻酔銃で眠らせ、発信器をつけて山に戻す。どこにいるかを知るためである。熊との共生の道を探っている。

新幹線の工事以来、猿が集団で降りてくる。みな人間が悪いのだ。彼らの邪魔をしないように暮らしたい。

寒い夜、霜氷が樹々につく。その美しさを見たい。自然のなかで耳をすませ、忘れてしまった呼吸を取り戻す。

いいことばかりではない。自然は時に過酷である。放っておけば、アッという間に雑草は伸び、紅葉や樅《もみ》、楡《にれ》などの芽が続々と出てくる。夜は動物たちが跋扈《ばっこ》し、闇は恐ろしい。

ここにいると別人のようになる自分が不思議だ。簡素で動きやすい服装があれば十分。何通りかの別の道を、日によって、行きと帰りも違えて歩く。

赤ゲラ、イカル、カケス、シジュウカラ、山ガラ、黄レンジャク……さまざまな鳥がやってくる。樹の中の虫を食べ、実をついばみ、自然界に無駄なものはない。あるとき、窓ガラスに衝突して黒ツグミが死んだ。ガラスが透明なのでわからなかったのだろう。むくろを埋めながら、黒ツグミに詫びた。

冬の家ができたら、できるだけ冬も過ごしたい。家具など一切買わない。いまあるものをいかに使うか。わたしの腕のみせどころである。

いかに必要最小限のもので暮らせるかの実験をしたい。物はないが、どれだけ心豊かに暮らせるか。それはわたしの問題だ。

何が必要で、何がいらないか。何が快くて何が不快か。何が美しくて何が美しくないか。

インドではある年齢になると、林に入って暮らす「林住期」があるという。文字通りわたしの林住期が始まろうとしている。

大切なものだけ残してすっきり死にたい

　歳をとると、何でもとっておきたくなるという。何でもとっておきたくなると歳をとった証拠ともいう。わたしの母を見ていても、歳を重ねるにつれて物が捨てられなくなり、わたしが整理して、いらないと思えるガラクタを捨てると怒っていた。

「あなたは何でも捨ててしまう。わたしにとっては大事な品なのに。この家の物には手をつけないでちょうだい」

　母は世田谷区等々力にあるわたしの実家で、父が亡くなってから八十一歳で命を終えるまで一人暮らしだった。心臓も悪く高血圧、糖尿と病気もちだったが、一緒に暮らそうと言っても、自分の家を離れたがらなかった。マンションのわが家へ来るには荷物も整理しなければならず、自分の馴れ親しんだものと別れがたかったに違いない。

一軒家で物が溢れていて、さぞ面倒だろうと思うのは娘の考えらしく、わが家に来ても一泊くらいすると、すぐ帰っていった。一番安心してくつろげるところだったのだろう。

ある物をみんな使っていたわけではない。使わない物が押入れや小屋に山積していた。

本人は何があるかさえ忘れていたのではなかろうか。母がいる前で片付けては怒るから、母の目に触れないところで、まったく不用な物を捨ててしまった。それでも気がつかないところをみると、覚えてはいないのだろう。

こっそりお手伝いさんに頼んでいらないものを処分してもらったら、すっかり片付いた小屋を見て、「あなたの差し金でしょ」としばらく怒っていた。

「歳をとらないと、この寂しさはわからないのよ」

と言っていたが、わたし自身ある年齢に達してみると、自分の歴史のある物に愛着があって捨てられない気持ちはよくわかる。「あっ、あのとき二十代ではじめての海外旅行で買った！」とか、「あの人からのプレゼントの品」

などと感情が入って、とっておく結果になったりする。

わたしの好みではない品などは、誰か持っていってくれたらすっきりするのにと思う。自分で決断のつかないところを、冷静な他人の目で見てほしいと思う。いらないものはなくしてシンプルにすっきり暮らせたらどんなに気分がいいか。

わたしが選ぶから、いらないものを片っぱしから整理してくれる人がいたら、どんなにありがたいかと思う。

わたし自身に時間がないのと、他の人には任せられないので、結局面倒くさくてそのままになってしまっている。他の人々の場合も同じことがいえるのではなかろうか。

整理したいのだが、体力も減ってすぐ疲れるし、根気もなくなる。早くいえば面倒くさくてできないでいる。かといって、自分のものを他人がいじるのはいやだ。という状態を引きずっているうちに、物がたまり、何があるのかすら忘れてしまう。

それが急に、家を整理して老人ホームに入らねばならない状態になったとしよう。いままでの自分の家にあった物を持ってはいけない。ホームの一室は限られている。ほとんどのものを整理しなければならなくなるだろう。

身近にそういう人がいて、どんなに落胆しているかと思ったら、意外にさばさばしている。自分ではできないから、こういう機会を待っていたのではないかと思えるくらいだ。

わたしに関していえば、できることなら、体力のあるうちに、自分で整理をして、歳をとるごとに物を減らしていきたいと思っている。

無駄な物は残さず、それまでに欲しい人がいればあげてしまったり、あとは寄付するもよし。わたしが長年蒐めてきた筒描きなどは、もう寄付先を考えてある。

九十歳を過ぎて亡くなった知人は、デパートの社長などを勤めた人だが、山中湖で余生を趣味に過ごし、愛したＬＰレコードのコレクション、孔雀などの鳥たち、すべて、生前に行く先を決めてあったとうかがった。

大変な蒐集家で、土人形などは数知れず、それは故郷、鶴岡に近い松ケ岡開墾場の古い雄大な建物の中に、十年ほど前から収められている。自分の愛したものを他の人に引き継いでもらう知恵だろう。

死に方は生き方

大学時代の恩師である暉峻康隆先生が亡くなった。享年九十三歳。西鶴や芭蕉など江戸文学の権威であり、早稲田大学名誉教授、そして自らも〝桐《とう》雨《う》〟という俳号をもつ俳人である。

早稲田に入り一年の頃、一般教養の大教室で先生の講義を聞いた。

「芭蕉のすごさは、同じ人たちと二度と座を組まなかったこと。曽良などの直弟子は別として、『奥の細道』をはじめ旅先で連句をつくる座でも、同じメンバーだとマンネリに陥るのを自ら厳しく戒めていた……」

　芭蕉の句を、誰も超えることはできないのはそのせいだ。先生自身も決して徒党を組むことなく、弟子とも個として一人ひとりとつきあい、親しくなりすぎると自ら切った。

「女子大生亡国論」などでマスコミの寵児となり、NHKテレビの「お達者文芸」などでも人気者だった。その講義は奥深くユーモアに富んでいて洒脱な表現と、おしゃれな服装に惹きつけられた。

「芭蕉の故郷を夏休みに大学院生と訪ねるが、来たい人は来ていいよ」

　大学一年生が四、五人で参加したので、名を覚えてくださったのだろう。その後放送局で仕事をはじめてからも、連句の席に連なり、陰になり日向になってわたしを応援してくださった。

「女子大生亡国論」は、女が大学に増えることを憂うのではなく、大学で学んだことを社会に還元しないのを憂えたのだ。それが誤解されて喧伝され流行語になり、わたしも一時は誤解していた。そのことを詫びる手紙を書いたら、先生から一冊の本に一句そえたものが送られてきた。

秋風や獣のごとく傷なめむ

先生の気持ちが痛いほど感じられた。

中国や韓国の旅にも誘っていただき、折々の酒とともに思い出深い。亡くなる十日ほど前に都心で、教え子五人が先生を囲んだ。相変わらずの酒の強さ、談論風発、ライフワークの季語の研究について話がはずんだ。「今度は樹齢一〇〇年は経つ庭の八重桜の下で飲もう」、帰りの車の窓を開けて言われた。

その二日後、吟行先で風邪をひき、死期を悟った先生は、一切の医療を拒み、自ら尊厳死を選んだ。父上の鹿児島金銅寺の住職も同様にして亡くなられ、自分もそうしたいと、エッセイにも書かれていた。

何という清々しく意志的な死。奇しくも芭蕉と同じ、午後四時頃であったという。死に方は生き方という。先生は自らの生き方を貫かれたからこそ、自らの死を選んだのだ。死もまた生の一部。生もまた死の一部なのである。

遺言で、二週間は他言無用、近親者のみで密葬し、わたしたちが知ったのはＮＨＫラジオを通じてだった。

香典も一切無用、早稲田大学大講堂で開かれた「偲ぶ会」には、五〇〇人余りが参列し、会費五〇〇〇円で献花し、入口に並んだ先生の好きだった銘酒の酒樽三つから酒を酌み、献盃した。これも遺言に書かれていたという。

三年前亡くなられた奥様は、自らの意志で献体。長男だった寺を出奔して自分の道を生きた先生らしい最後だった。

その人の最後は、その人の生き方をあらわしている。わたしたちは改めてそうした師をもったことを誇りに思った。

一切の執着を断って旅立つ

自分の始末は、自分でつけたい。わたしにもその思いがある。そのためには、どう生きたらいいのか。医療を拒否し、食べ物を拒否して小さくなった先生は最後に会った作家の澤地久枝さんに、ユーモアを交えて話したという。最後は、好きな酒ではなく「水がいい」と言って、すべての思いを捨てて旅立たれた。執着を捨て、さまざまなしがらみを離れ、一人旅立つ。これくらいシンプルなことがあろうか。

わたしたちは、母の胎内を出て一人で生まれ、そして一人で死ぬ。それが基本だ。暮らしも人づきあいも、その上にあることだ。ほんとうの個、一人に戻って死ぬことができるか。わたしには自信はない。

意志的に生きて、そして最後にその意志をも超越して死ぬ。先生の生まれた寺は、浄土真宗がはじめて鹿児島に開いた寺である。弾圧に負けず布教した親鸞の教えは、他力本願、自分の煩悩もすべて認め、それをのりこえる。先生のなかには、その教示が刻み込まれていたのだろう。多くの業績と名声を手にしながら、それを捨て自らを自然に委ねる死に方に、わたしはほんとうのシンプルとは何かを教えられた気がしている。

一鉢一衣を貫いた人生

焚くほどは風がもてくる落葉かな

良寛の句である。越後の五合庵に暮らす良寛の許に、時の長岡城主が訪れた。良寛に城下の大きな寺を任せたいと切望し、城主自らが庵まで来たのだ。そのときの良寛の答えがこの句である。

焚くに必要なだけは毎日風が落葉を運んでくる。自分はこの暮らしに満足していると、婉曲に断ったのだ。足るを知る……わたしはこの句が大好きだ。

良寛に惹かれて五合庵を訪れたことがあった。もちろん復元されたものだが、山腹の椿の木下のひと間だけの質素な庵。あるものは墨染めの衣と、托鉢用の器だけだったという。雪深い人里離れた庵で一人暮らす良寛は、何も持たず、世俗の栄達を望まず、そのかわりこの上ない自由を手にしていた。残された書を見ると、のびのびと何ものにもこだわらず自由闊達。なぜあのような書が書けたかというわけは、すべての物を、権力を捨てることができたからだ。

ほんとうの自由を手に入れるためには、自分と闘わなければならない。世間と闘うのはまだ楽だが、自分の欲望と闘うことはむずかしい。あれも欲しいこれも欲しいと思っているうちは、物に心が惑わされて、自分は見えてこない。物だけではない。愛憎といった執着から自分を解き放たなければ、自由にはなれない。

良寛さまの話は子供の頃、上越出身の母によく聞かされたが、子供とかくれんぼをして、みんな家に帰っても、「もういいかい」と続けていた話や、親にたてつくとカレイになると言われて、岩陰に潜んで「まだカレイになっていないか」と尋ねたといった童心を失わず、純粋で柔和でのどかな印象だった。

その後知った良寛の軌跡や文章から、裏には、すさまじいまでの自己との闘いがあったことを知らされた。ほんとうの自由とは、そういうものだ。

人々がなぜ良寛に惹かれ、生き方に憧れるか。自分にはできないが、そうありたいと思うからである。

心を自由に遊ばせる

「遙かなり良寛」といったことを書きたいと思ったことがあるわたしだが、現実はほど遠い。せめて持たない暮らしをと願っても物が押し寄せてくる。そのなかで、ほんとうに必要なものを見失いがちだ。

エジプトにかつて半年暮らしたことがある。人々は貧しいがゆえに、ほんとうに必要な物、欲しい物を求めていた。日本へ帰って物の溢れるなかで、わたしは何も欲しいものがないことに気づいた。たくさんの物がわずらわしく思われ、デパートや商店街に入ると茫然とした。いまも時としてその思いに駆られる。

物が溢れ、それを追っているうちに、わたしたちは欲望の下僕に成り下がってしまった。身のまわりを見渡せば、その残滓ばかりころがっている。捨てようにも執着が邪魔をする。

だからこそ「遙かなる良寛」に憧れるのである。憧れても良寛の生き方は遥かに遠く、自分の手にすることはできない。生き方を切望することだけは許されている。憧れることはできる。物にまみれ、泥の中から蓮を夢みること、その瞬間だけでも心は自由闊達になり、自在に心を遊ばせることができる。「持たない暮らし」とは、心を遊ばせることのできる暮らしなのである。

自在な心で死にたい

西行は、良寛よりさらに時代をさかのぼった平安〜鎌倉期の歌人である。かなわぬ恋に身を灼き、北面の武士の立場を投げうって、出家し、旅に出て夜に日を継いで歌をつくり続けたのだ。旅をするためには、身軽でなければならない。最小限の物と、歩き続けるための意志。世の中に執着があっては、かなわない。

厳しい修行に耐え、自分と闘い歩き続けるからこそ、心を自在に遊ばせることができる。人の心や物の本質が見え、自然の優しさ、美しさ、厳しさに身を委ねることができる。

願はくは花のもとにて春死なむ　その如月の望月のころ

有名な西行の辞世の歌である。美しく自由で、自然の一員になり心は遊んでいる。

花とは桜。和歌や俳句で花といえば桜のこと。できることなら桜の花の下で死にたいものだ。二月の満月の夜に。そう願ってそのとおり死んだといわれている。如月は旧暦の二月、いまに直せば三月である。

西行が剃髪したといわれている、通称花の寺、「勝持寺」へ出かけたことがあった。亡くなったのは違う寺だが、西行桜と名づけられたしだれ桜があった。わたしは手を合わせながら、自在に心を遊ばせ、西行のように望んだ死に方をしたいと思った。

できなくはない。心の中にイメージを描くのだ。

死に方を考えることは生き方を考えること。こう死にたいと願っている人は、そのように生きるから願いがかなうこともある。わたしの母は、自分の母と同じ日に死にたいと願って見事に同じ日に死んだ。

わたしも身の始末をして、自在な心で死にたいと願っている。そのためには、毎日を簡素にシンプルに、無駄なものをそぎ落として心を自由に遊ばせなければならない。そのための辛さも厳しさもあえて引き受けねばならない。

【著者紹介】

下重暁子

1959年、早稲田大学教育学部国語国文科卒業。同年NHKに入局。アナウンサーとして活躍後フリーとなり、民放キャスターを経て文筆活動に入る。公益財団法人JKA（旧・日本自転車振興会）会長、日本ペンクラブ副会長などを歴任。日本旅行作家協会会長。主な著書にベストセラー『家族という病』『極上の孤独』『年齢は捨てなさい』『明日死んでもいいための44のレッスン』（以上、幻冬舎新書）、『鋼の女――最後のご女・小林ハル』（集英社文庫）他多数。

装丁デザイン　22plus-design
本文デザイン　尾本卓弥（リベラル社）
DTP　田端昌良（ゲラーデ舎）
編集人　伊藤光恵（リベラル社）
編集　中村彩（リベラル社）
営業　津村卓（リベラル社）
制作・営業コーディネーター　仲野進（リベラル社）
編集部　鈴木ひろみ・安永敏史・杉本礼央菜・木田秀和
営業部　澤順二・津田滋春・廣田修・青木ちはる・竹本健志・持丸孝・坂本鈴佳

※本書は2000年にあさ出版より発刊した『シンプルのすすめ』を改題し、中経出版より発刊した『持たない暮らし』を再構成し文庫化したものです。

持たない暮らし

2023年9月24日　初版発行

著　者　下重暁子
発行者　隅田直樹
発行所　株式会社 リベラル社
〒460-0008　名古屋市中区栄3-7-9　新鏡栄ビル8F
TEL 052-261-9101　FAX 052-261-9134
http://liberalsya.com
発　売　株式会社 星雲社（共同出版社・流通責任出版社）
〒112-0005　東京都文京区水道1-3-30
TEL 03-3868-3275
印刷・製本所　株式会社 シナノパブリッシングプレス

ISBN978-4-434-32720-9 C0195